小学2年 国語
ハイクラステスト

はじめに
―指導される方々へ―

この『**国語 ハイクラステスト**』は、教科書の内容を十分理解したうえで、よりハイレベルな学力を目指す児童を対象に編集したものです。

本書は、小社既刊の『**国語 標準問題集**』よりもさらに精選されたハイレベルな問題を集めるとともに、教科書で取り上げられている、いわゆる〝**発展的な学習内容**〟も収録してあり、将来、有名国立・私立中学校を受験される児童への「中学入試準備問題集」として活用していただけるようにもなっています。

また、ご家庭でも学習指導がしやすいように、解答編には「**考え方**」や「**指導の手引き**」も設けてあります。

もくじ

1 かん字の 読《よ》み書《か》き ①

（　月　日）

学習内容とねらい

二年生で学ぶ一六〇字の漢字が、きちんと読めることを目標にしましょう。そして、正しい形を覚えることが大切なポイントです。

標準クラス

1 つぎの ――線《せん》の かん字の 読《よ》み方《かた》を 書《か》きましょう。

① 国語（　　）と 算数（　　）を べんきょうする。

② 画用紙（　　）に 絵（　　）を かく。

③ 親子（　　）で、日曜日（　　）に 体《たい》そうを する。

④ 電話（　　）で、細（　　）かな ことを はなす。

⑤ 午前中（　　）に かならず 読書（　　）を する。

2 つぎの かん字の 読み方を 書きましょう。

① 回数（　　）・空回り（　　り）

② 立秋（　　）・秋風（　　）

③ 木刀（　　）・小刀（　　）

④ 牛肉（　　）・子牛（　　）

⑤ 半紙（　　）・紙くず（　　くず）

⑥ 野生（　　）・野山（　　）

⑦ 年長（　　）・長ぐつ（　　ぐつ）

⑧ 間食（　　）・間近（　　）

⑨ 雪原（　　）・雪国（　　）

⑩ 雲海（　　）・雨雲（　　）

3 つぎの □に かん字を 書きましょう。

① □《あたま》を ぺこりと 下げる。

② □□《まいにち》 へやの そうじを する。

③ □□《きいろ》い 花が さく。

④ 鳥《とり》の □《な》き声《ごえ》。

⑤ □□《がいこく》の 白い 船《ふね》。

⑥ □□《こうばん》で 道《みち》を たずねる。

⑦ □□《こんご》の やり方を 考《かんが》える。

⑧ えい語で □□《かいわ》を する。

4 つぎの ――線の ことばを、かん字と ひらがなで 書きましょう。

① えきまで あるく。

② 空が、青く はれる。

③ あかるい 朝《あさ》の 光《ひかり》。

④ したしい 友《とも》だち。

⑤ トラックが とまる。

⑥ 早く 家《いえ》に かえる。

⑦ あたらしい ノート。

⑧ しあいを おこなう。

ハイクラス

時間	合かく点	とく点
20分	80点	点

（　月　日）

1 つぎの ――線《せん》の かん字の 読《よ》み方《かた》を 書《か》きましょう。（16点《てん》・一つ2点）

① ポスターを はって 通知する。（　　）

② 社会科見学で、パン工場《こうじょう》へ 行《い》く。（　　）

③ さわやかな 晴天の 日。（　　）

④ 公立の 小学校に 通《かよ》う。（　　）

⑤ 火の 元《もと》に 用心する。（　　）

⑥ 正午を 知《し》らせる かねの 音。（　　）

⑦ 原子力で 発電《はつでん》を する。（　　）

⑧ 南《みなみ》の 海《うみ》で、台風八号《はちごう》が 発生《はっせい》した。（　　）

2 つぎの かん字の 読み方を 書きましょう。（36点・一つ3点）

① 外れる（　　）
② 交わる（　　）
③ 新た（　　）
④ 歩む（　　）
⑤ 半ば（　　）
⑥ 自ら（　　）
⑦ 家来（　　）
⑧ 元日（　　）
⑨ 人形（　　）
⑩ 門戸（　　）
⑪ 売買（　　）
⑫ 正直（　　）

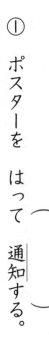

3 つぎの ——線の 読み方を する かん字を 書きましょう。(24点・一つ4点)

れい　あしたの じ間わり。／ときが ながれる。　時

① ち下水を くみ上げる。／じめんに あなを ほる。

② 金ぎょすくいを する。／うお市場《いちば》に 買《か》いものに 行く。

③ おり紙《がみ》を 三かくに おる。／牛《うし》の 大きな つの。

④ 丸《まる》たで いかだを 作《つく》る。／まるまると ふとった 子犬。

⑤ みょう日、音楽会《おんがくかい》が あります。／原《げん》いんを あきらかに する。

⑥ 雪《ゆき》がっせんを して あそぶ。／くつの サイズが あう。

4 つぎの ——線の かたかなを かん字に 直《なお》しましょう。(24点・一つ3点)

① ヨワネを はく。

② 会長《かいちょう》と ショキを えらぶ。

③ コウカを うたう。

④ ちきゅうに ある インリョク。

⑤ 今年《ことし》 とれた シンマイ。

⑥ ミセバンを たのまれる。

⑦ どうぶつたちの ラクエン。

⑧ ハクチュウに おきた じけん。

2 かん字の 読《よ》み書《か》き ②

〔　月　日〕

学習内容とねらい

漢字の画数を、正しく数えられるようにしましょう。また、形の似た漢字を区別できるように、何度も書き取りをして覚えるようにしましょう。

標準クラス

1 つぎの かん字の 画数《かくすう》を、数字で 書《か》きましょう。

① 強（　　）画　② 黄（　　）画

③ 記（　　）画　④ 週（　　）画

⑤ 線（　　）画　⑥ 鳥（　　）画

⑦ 弟（　　）画　⑧ 野（　　）画

⑨ 直（　　）画　⑩ 船（　　）画

⑪ 馬（　　）画　⑫ 考（　　）画

2 つぎの かん字の 読《よ》み方《かた》を 書きましょう。

① 高温（　　）・高台（　　）

② 行進《しん》（　　）・行列《れつ》（　　）

③ 合同（　　）・場合（　　）

④ 市長（　　）・朝市（　　）

⑤ 中心（　　）・親心（　　）

⑥ 絵本（　　）・絵画（　　）

⑦ 羽毛（　　）・羽音（　　）

⑧ 思考（　　）・思い（　　）

⑨ 目前（　　）・名前（　　）

⑩ 下船（　　）・船出（　　）

3 かん字の つかい方で、正しい ほうに ○を つけましょう。

① れつの {（　）先頭 /（　）先顔} に ならぶ。

② 船《ふね》が {（　）気てき /（　）汽てき} を 鳴《な》らす。

③ {（　）牛後 /（　）午後} から プールに 行《い》く。

④ {（　）毛糸 /（　）手糸} の セーターを きる。

⑤ カメラの {（　）でん池 /（　）でん地} を 買《か》う。

⑥ {（　）遠足 /（　）園足} の じゅんびを する。

⑦ へいの {（　）内がわ /（　）肉がわ}。

---

4 つぎの □に かん字を 書きましょう。

① ゴールを めざして □□（りきそう） する。

② □□（たいふう） が せっきんする。

③ 兄《あに》は バスで □□（つうがく） して いる。

④ □□（けいさん） の 答《こた》えが 合《あ》う。

⑤ □□（でんわ） で つたえる。

⑥ つめたい □□（むぎちゃ） を のむ。

⑦ 国語《こくご》じてんを □□（かつよう） する。

⑧ □□（らいねん） の えとを しらべる。

ハイクラス

時間 20分　合かく点 80点　とく点 点

〔　月　日〕

1 つぎの ―― 線《せん》の かん字の 読《よ》み方《かた》を 書《か》きましょう。（48点《てん》・一つ3点）

① わが家に 帰《かえ》りつく。（　）（　）

② ゆうびんきょくで 切手を 買《か》う。（　）

③ うんどう会《かい》が 間近に せまる。（　）

④ 今日《きょう》の テレビ番組。（　）

⑤ 雨で、遠足《えんそく》が 中止に なる。（　）

⑥ 肉親を 思《おも》う 心《こころ》。（　）

⑦ 色白の 女の子。（　）

⑧ 春《はる》は 行楽の シーズンだ。（　）

⑨ 太古の きょうりゅうの 化石《かせき》。（　）

⑩ 月日の たつのは、早い ものだ。（　）

⑪ ジュースを 売店で 買う。（　）

⑫ あいての 立場を 考《かんが》える。（　）

⑬ 名声を 手に 入れる。（　）

⑭ 光明が さしこむ。（　）

⑮ 夜空に 星《ほし》が かがやく。（　）

⑯ 戸外で 元気《げんき》に あそぶ。（　）

2 つぎの かん字と 同《おな》じ 画数《かくすう》の かん字を、あとから えらんで 書きましょう。（12点・一つ2点）

① 門 □
② 後 □
③ 毎 □
④ 楽 □
⑤ 紙 □
⑥ 場 □

色　電　道　食　姉　高

はってん
3 つぎの 文から かん字の まちがいを さがして 書き直《なお》しましょう。（16点・一つ4点）

れい 山《やま》が 貝《み》える。（貝）→（見）

① 九《まる》い 石《いし》が ころがる。（　）→（　）
② 冬《ふゆ》には 雲《ゆき》が ふる。（　）→（　）
③ 地《いけ》で 魚《さかな》を つる。（　）→（　）
④ 十分間《じっぷんかん》、体《やす》む。（　）→（　）

4 つぎの □に かん字を 書きましょう。（24点・一つ3点）

① □□《こふう》な つくりの 家《いえ》に すむ。
② □□《さいく》が こって いる ゆびわ。
③ □□《たかだい》に ひなんする。
④ □□《おうごん》に かがやく かんむり。
⑤ □□《なんとう》の 方角《ほうがく》を ゆびさす。
⑥ 父《ちち》が、□□《しんぶん》を 読む。
⑦ □□《しんゆう》を さそう。
⑧ □□《たしょう》の ことは がまんする。

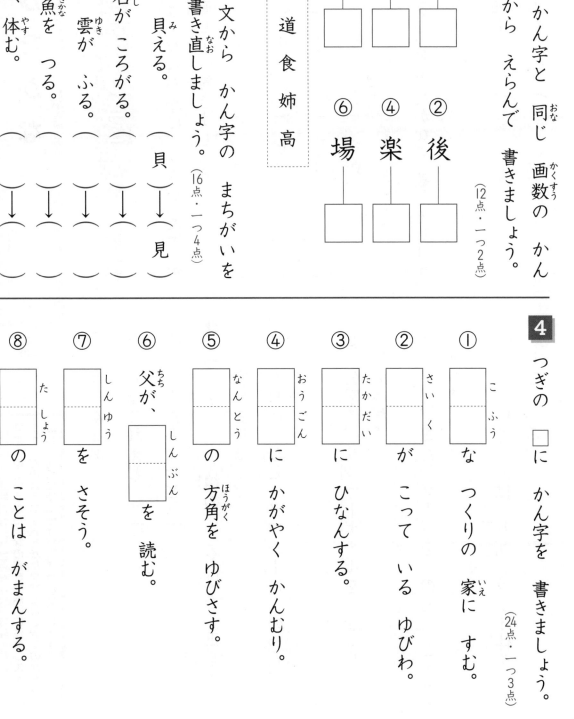

3 かたかな

学習内容とねらい

字形の似ているかたかなの書き間違いに注意します。また、どのような言葉をかたかなで書き表すのかを理解し、適切に使い分けができるようにします。

（　月　日）

標準クラス

1 かたかなは ひらがなに、ひらがなは かたかなに 直《なお》して 書《か》きましょう。

① チ（　　） サ（　　） ミャ（　　）

② ム（　　） ホ（　　） ピュ（　　）

③ ぬ（　　） く（　　） じょ（　　）

④ わ（　　） つ（　　） ぎゃ（　　）

2 つぎの ことばを かたかなで 書きましょう。

① とらんぷ（　　）

② よおぐると（　　）

③ にゅうよおく（　　）

④ ういんなあ（　　）

⑤ ちょこれえと（　　）

⑥ いんたあねっと（　　）

3 つぎの ——線《せん》の ことばを 正しく 書き直しましょう。

① 今日《きょう》は、母《はは》と タワシーに のった。（　　）

② 公園《こうえん》で、サッカーボオルを なくして しまった。（　　）

③ 弟《おとうと》は、まだ ユーラを のんだ ことが ない。（　　）

④ おじいちゃんは、毎朝《まいあさ》 ラヅオ体《たい》そうを して いる。（　　）

⑤ どうぶつ園で、ライオソと ぞうを 見た。 （ ）

4 つぎの 文章《ぶんしょう》を 読《よ》んで、あとの といに 答《こた》えましょう。

かたかなで 書く ことばには、①あめりかや ②もすくわなどの （㋐）の 国名《こくめい》や （㋑）、また、③えじそんや ④あんでるせんなどの （㋐）の （㋒）も かたかなで 書きます。

その ほかに、⑤ぽすとや ⑥はんばあぐなどの （㋐）から きた ことばや、⑦とんとんや ⑧げこげこなどの （㋓）や、どうぶつの （㋔）も かたかなで 書きます。

(1) ——線①～⑧の ことばを、かたかなで 書きましょう。

① （ ） ② （ ）
③ （ ） ④ （ ）
⑤ （ ） ⑥ （ ）
⑦ （ ） ⑧ （ ）

(2) （ ）㋐～㋔に 入る ことばを つぎから えらんで、記号《きごう》で 答えましょう。㋐には 同《おな》じ ことばが 入ります。

ア 鳴《な》き声《ごえ》　イ 外国《がいこく》　ウ 地名《ちめい》
エ ものの 音　オ 人の 名前《なまえ》

㋐ （ ） ㋑ （ ） ㋒ （ ）
㋓ （ ） ㋔ （ ）

5 つぎの 二つの ことばの うち、かたかなで 書く ことばを えらんで、記号で 答えましょう。

① ア ぴあの　イ たいこ （ ）
② ア おおさか　イ ろんどん （ ）
③ ア おむらいす　イ たこやき （ ）
④ ア いす　イ べんち （ ）

ハイクラス

時間 20分　合かく点 80点　とく点　点

（　月　日）

1 つぎの　ことばを　かたかなで　書《か》きましょう。（16点《てん》・一つ2点）

① ねくたい（　　）

② だいやもんど（　　）

③ ちんぱんじい（　　）

④ けちゃっぷ（　　）

⑤ かすたねっと（　　）

⑥ ぱらしゅうと（　　）

⑦ さんどいっち（　　）

⑧ べえとおべん（　　）

2 つぎの　文で、書き方《かた》の　まちがって　いる　ことばに　――線《せん》を　引《ひ》いて、（　）に　正しく　書き直《なお》しましょう。（27点・一つ3点）

① かめらの　レンズに　きずが　ついた。（　　）

② わたしの　ランドセルの　色《いろ》は、ぴんく色だ。（　　）

③ べらんだで　ほした　ふとんは、ふかふかだった。（　　）

④ 弟《おとうと》は、こっぷに　入った　じゅうすを　ストローで　のんで　いる。（　　）（　　）

⑤ 今日《きょう》の　おやつは、オサラに　のった　くっきいと　せんべいだった。（　　）（　　）（　　）

⑥ 公園《こうえん》で、しいそおに　のったり、てつぼうを　したり、ヤキュウを　したり　して　あそんだ。（　　）（　　）（　　）

3 つぎの ことばは すべて かたかなで 書きます。あとの なかまに 分《わ》けて、それぞれ かたかなで 書きましょう。（30点・一つ3点）

ぴよぴよ　えじぷと　てにす
ろおま　しんでれら　ずぼん
どらいやあ　ばなな　ごろごろ
ほっとけえき

① 外国《がいこく》から きた ことば
（　　　）

② 外国の 国名《こくめい》や 地名《ちめい》、外国の 人の 名前《なまえ》
（　　　）

③ ものの 音や どうぶつの 鳴《な》き声《ごえ》
（　　　）

4 つぎの 文の 中には、かたかなで 書く ことばが、合《あ》わせて 九つ あります。出て くる じゅんに、あとの （　）に かたかなで 書きましょう。（27点・一つ3点）

① ふらんすに 行《い》って いる 姉《あね》から、来《らい》月《げつ》には ひこうきで 日本に 帰《かえ》ると いう めえるが とどいた。

② 水えいが とくいな 兄《あに》は、ぷうるさいどから ばしゃんと とびこみ、すいすいと およいで いた。

③ まんしょんを たてる 工事《こうじ》が はじまり、とらっくや ぶるどおざあなどが 行《い》き来《き》し、毎日《まいにち》、どんどん、ばんばんと とても うるさい。

（　）（　）（　）
（　）（　）（　）
（　）（　）（　）

4 いろいろな　ことばと　いみ

［　月　日］

学習内容とねらい

二つの言葉を合わせた複合語や、反対語、類義語の知識を身につけます。また、いろいろな言葉の意味についても学びます。

標準クラス

1 つぎの　二つの　ことばを　組《く》み合《あ》わせて、一つの　ことばに　しましょう。

れい　花＋たば →（花たば）

① 白い＋くま →（　　）
② 青い＋空 →（　　）
③ つな＋引《ひ》く →（　　）
④ とぶ＋はこ →（　　）
⑤ 米《こめ》＋たわら →（　　）
⑥ 長《なが》い＋くつ →（　　）
⑦ 竹＋さお →（　　）
⑧ 貝＋から →（　　）
⑨ おる＋たたむ →（　　）
⑩ 見る＋回《まわ》す →（　　）

2 つぎの　ことばと　はんたいの　いみの　ことばを、かん字を　つかって　書《か》きましょう。

① みじかい ↔（　　）
② 弱《よわ》い ↔（　　）
③ ひくい ↔（　　）
④ 大きい ↔（　　）
⑤ 多《おお》い ↔（　　）

3 つぎの ――線《せん》の ことばと いみが にて いる ことばを、あとから えらんで 書きましょう。

① きれいな 花を かざる。（　　）

② 新《あたら》しい かん字を 教《おそ》わる。（　　）

③ ようやく 春《はる》が 来《き》た。（　　）

④ とつぜん、電《でん》気《き》が きえた。（　　）

⑤ ただちに 出ぱつします。（　　）

きゅうに　ならう　すぐに
うつくしい　やっと

4 つぎの ――線を 引いた ことばの いみを あとから えらんで、記《き》号《ごう》で 答《こた》え ましょう。

① はるばる 来た おじさんを もてなす。（　　）

② ほらあなを こわごわ のぞく。（　　）

③ やくそくは、かならず まもる。（　　）

④ 父《ちち》は、がんこな 人だ。（　　）

⑤ ルールも ろくに 知《し》らない。（　　）

ア きっと。ぜったいに。
イ 心《こころ》を こめて せわを する。
ウ じゅうぶんに。
エ ちょっと 見る。
オ 自《じ》分《ぶん》の 考《かん》えなどを かえない ようす。

ハイクラス

時間 20分 合かく点 80点 とく点 　点

〔　月　日〕

1 つぎの　ことばを、二つの　ことばに　分《わ》けましょう。（40点《てん》・一つ2点）

れい 赤えんぴつ―（赤）（えんぴつ）

① ふでばこ―（　）（　）
② おちば―（　）（　）
③ 読《よ》み書《か》き―（　）（　）
④ たび立つ―（　）（　）
⑤ ねころぶ―（　）（　）
⑥ けしゴム―（　）（　）
⑦ 雪《ゆき》だるま―（　）（　）
⑧ むかしばなし―（　）（　）
⑨ 学しゅうづくえ―（　）（　）
⑩ うでずもう―（　）（　）

2 ――線《せん》の　ことばと　はんたいの　いみの　ことばを　書《か》きましょう。（15点・一つ3点）

①
- 高《たか》い　山に　のぼる。（　）
- この　店《みせ》は、ねだんが　高い。（　）

②
- あつい　夏《なつ》が　来《く》る。（　）
- あつい　お茶《ちゃ》を　のむ。（　）
- あつい　こおりが　はる。（　）

3 ――線の　ことばと　にた　いみの　ことばを　書きましょう。（15点・一つ3点）

① 本当《ほんとう》の　ことを　しゃべる。（　）
② たくさんの　人が　あつまる。（　）
③ この　ケーキは、おいしい。（　）
④ 工事《こうじ》の　音が　やかましい。（　）
⑤ きけんな　場所《ばしょ》へ　行《い》かない。（　）

4 (　)に 入る ことばを、あとから えらんで 書きましょう。(16点・一つ2点)

① えんぴつ(　　)で、しんを とがらせる。

② 朝《あさ》(　　)を しっかり 食《た》べる。

③ おもしろい 人形《にんぎょう》(　　)を 見る。

④ けいたい(　　)で れんらくを とる。

⑤ じどう(　　)の すべり台《だい》で あそぶ。

⑥ 紙《かみ》(　　)を 作《つく》って とばす。

⑦ 今週《こんしゅう》は、そうじ(　　)だ。

⑧ 虫(　　)で、よく かんさつする。

ごはん	公園《こうえん》	けずり	げき
当番《とうばん》	電話《でんわ》	めがね	ひこうき

5 ――線の ことばの いみを あとから えらんで、記号《きごう》で 答《こた》えましょう。(14点・一つ2点)

① 心《こころ》に きざんだ ことば。(　　)

② しゅくだいを てきぱきと かたづける。(　　)

③ どらやきを ほおばる。(　　)

④ テレビの 前《まえ》に くぎづけに なる。(　　)

⑤ 目の 前の せきが あいた。(　　)

⑥ ひとりでに ドアが あいた。(　　)

⑦ 赤ちゃんが ふんばって 立つ。(　　)

ア しぜんに。

イ ものごとを はやく きちんと する。

ウ すきまが できた。

エ 心に 強《つよ》く のこる。

オ その 場所から うごけないように なる。

カ 足に 力を 入れて。

キ 口 いっぱいに 食べ物《もの》を 入れる。

5 正しい ことばづかい

学習内容とねらい

「発音どおりに表記する」という現代かなづかいのルールと、その例外を覚えます。また、言葉のつながり方や敬語の使い方などを学びます。

（　月　日）

標準クラス

1 つぎの ことばで、かなづかいの 正しい ほうの 記号《きごう》を 書《か》きましょう。

① **ア** おねいさん　**イ** おねえさん　（　　）
② **ア** おとうと　**イ** おとおと　（　　）
③ **ア** おうさま　**イ** おおさま　（　　）
④ **ア** とうい　**イ** とおい　（　　）
⑤ **ア** おうきい　**イ** おおきい　（　　）
⑥ **ア** つづく　**イ** つずく　（　　）
⑦ **ア** ほおづき　**イ** ほおずき　（　　）
⑧ **ア** ちかづく　**イ** ちかずく　（　　）
⑨ **ア** かなづち　**イ** かなずち　（　　）
⑩ **ア** はづかしい　**イ** はずかしい　（　　）

2 つぎの □に、「は・を・へ」の どれかを 入れて、いみの 通《とお》った 文に しましょう。

① 今日《きょう》は、カレー□ 食《た》べた。
② ぼくの 父《ちち》□、いしゃです。
③ 「こんにち□」と あいさつを する。
④ 山□ さんぽに 行《い》く。
⑤ いそいで 学校□ 行く。
⑥ 毎朝《まいあさ》、水で 顔《かお》□ あらう。
⑦ バスに のって、えき□ 行く。

3 つぎの ——線《せん》の ことばが、正しく つかわれて いる 文に ○を つけましょう。

① （ ）なかなか バスが 来《こ》ない。
（ ）なかなか バスが 来《き》た。

② （ ）この 本は、ぜんぜん おもしろく ない。
（ ）この 本は、ぜんぜん おもしろい。

③ （ ）とてつもなく、ふつうの きゃく船《せん》だ。
（ ）とてつもなく、大きな きゃく船《せん》だ。

4 上の ことばに つながる ことばを、線で つなぎましょう。

① まるで・　　・**ア** ゆるして ください。
② どうか・　　・**イ** ゆめのようだ。
③ たぶん・　　・**ウ** 晴《は》れるだろう。

---

5 つぎの 文で、ていねいな 言《い》い方《かた》を して いる ほうに、○を つけましょう。

① （ ）ぼくは、二年生だ。
（ ）ぼくは、二年生です。

② （ ）きのうは、いい 天気でした。
（ ）きのうは、いい 天気だった。

③ （ ）ここから、ふじ山は 見えない。
（ ）ここから、ふじ山は 見えません。

④ （ ）やくそくは まもりなさい。
（ ）やくそくは まもれ。

⑤ （ ）校ていに あつまろう。
（ ）校ていに あつまりましょう。

⑥ （ ）あした、先生が 来ます。
（ ）あした、先生が いらっしゃいます。

⑦ （ ）おじさんに、おかしを もらった。
（ ）おじさんに、おかしを いただいた。

ハイクラス

時間	合かく点	とく点
20分	80点	点

（　月　日）

1 つぎの ――線《せん》の ことばの かなづかいで、正しい ものには ○を、まちがって いる ものには ×を つけて、よこに 正しく 書《か》き直《なお》しましょう。（18点《てん》・一つ3点）

れい （×）トラックが とうる。　とおる

①（　）じめんに あなを ほる。

②（　）せかいじゅうの 子どもたち。

③（　）おうかみが ほえる。

④（　）友《とも》だちの 話《はなし》に うなずく。

⑤（　）かきごうりを 食《た》べる。

⑥（　）はなじが 出た。

2 （　）に 入る ことばを、あとから えらんで 書きましょう。（同《おな》じ ことばを 何《なん》回《かい》も つかえます。）（30点・一つ3点）

① 雨が ふって きたので、父《ちち》（　）え き（　）兄《あに》を むかえに 行《い》った。

② わたしの へやの まど（　）、ゆう園《えん》地《ち》の かんらん車（　）見える。

③ 二つ目の 角《かど》（　）右へ まがると、左（　）市《し》やくしょが あります。

④ くだものやさん（　）店先《みせさき》に、りんご（　）バナナが ならんで いる。

⑤ 休みの 日に えい画《が》（　）見た あと、レストラン（　）オムライスを 食べた。

が　を　の　は　から　で　に　へ　や

3 （　）に 入る ことばを あとから えらんで、記号《きごう》で 答《こた》えましょう。(16点・一つ4点)

① わたしは、（　）知《し》りません。

② （　）、うちに、あそびに 来《き》て ください。

③ （　）ちこくを したのですか。

④ （　）しっぱいしても、何度《なんど》でも やり直す。

ア ぜひ　**イ** なぜ

ウ たとえ　**エ** まったく

4 つぎの ことばの つかい方《かた》で、正しい ほうに ○を つけましょう。(6点・一つ3点)

① （　）わたしの おぼうしを とって ください。
（　）わたしの ぼうしを とって ください。

② （　）兄に 絵《え》を かいて もらう。
（　）兄に 絵を かいて いただく。

はってん **5** つぎの ――線の ことばを、ていねいな 言《い》い方に 直しましょう。(30点・一つ5点)

① ぼくは、スポーツでは サッカーが すきだ。（　）

② やねの 上に、黒《くろ》い ねこが いる。（　）

③ 教科書《きょうかしょ》を 見せて くれないか。（　）

④ みなさん、明日《あす》の しあいは がんばろう。（　）

⑤ おばさんに おみやげを もらった。（　）

⑥ 「さようなら」と 先生が 言った。（　）

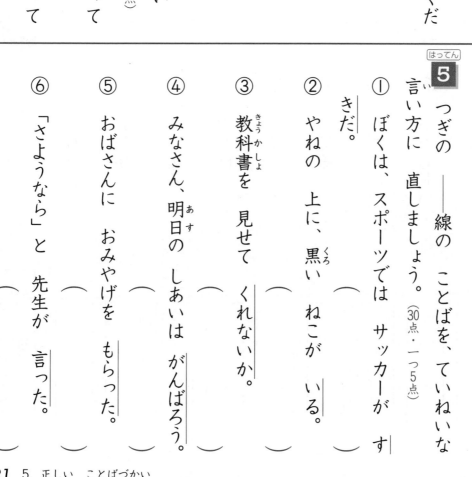

チャレンジテスト①

時間 20分 合かく点 80点 とく点 点

（ 月 日）

1 つぎの ―線《せん》の かん字の 読《よ》み方《かた》を 書《か》きましょう。（20点《てん》・一つ2点）

① 白米の ごはんを 食《た》べる。（　　）
② 今夜《こんや》は やき肉だ。（　　）
③ 旅行《りょこう》で 東北《とうほく》地方に 行《い》く。（　　）
④ 明朝、八時に 出かける。（　　）
⑤ 夜店で わたあめを 買《か》う。（　　）
⑥ 船《ふね》は 大海へ たび立った。（　　）
⑦ 母子 ともに けんこうです。（　　）
⑧ 交通せいりを する。（　　）
⑨ 室内の 温度《おんど》を 上げる。（　　）
⑩ かい答《とう》用紙に 記入《きにゅう》する。（　　）

2 つぎの ことばを、かん字と おくりがなで 書きましょう。（30点・一つ3点）

① もちいる
② あかり
③ きこえる
④ なかば
⑤ うる
⑥ あてる
⑦ ただちに
⑧ あたらしい
⑨ たのしい
⑩ かぞえる

3 つぎの　かん字の　赤い　部分《ぶぶん》は、何画目《なんかくめ》に　書きますか。数字《すうじ》で　書きましょう。（18点・一つ2点）

①何（　）　②歌（　）　③角（　）

④丸（　）　⑤弓（　）　⑥書（　）

⑦通（　）　⑧万（　）　⑨馬（　）

4 つぎの　文の　中には、かたかなで　書く　ことばが　合《あ》わせて　六つ　あります。じゅんに、かたかなで　書きましょう。（12点・一つ2点）

① ともだちの　ろびんは　いぎりす人だ。

② 今日《きょう》の　朝食《ちょうしょく》は、ぱんと　めだまやきと　おれんじじゅうすだ。

③ さっきまで　ぎやあぎやあ　ないて　いた　赤ちゃんが、べっどで　すやすや　ねて　いる。

（　　）（　　）（　　）

（　　）（　　）（　　）

5 つぎの　――線の　かたかなを、かん字に　直《なお》しましょう。（20点・一つ2点）

① イワヤマを　のぼる。

② ヨワネは　はかない。

③ ズガ工作《こうさく》が　すきです。

④ 今日は、ソトで　あそんだ。

⑤ マイニチ、水やりを　する。

⑥ 先生の　カオを　見る。

⑦ サカナを　食べる。

⑧ 町へ　デンシャで　行く。

⑨ 父《ちち》は、ものシりだ。

⑩ コウダイな　麦《むぎ》ばたけ。

チャレンジテスト②

〔　月　日〕

時間	合かく点	とく点
20分	80点	点

1 つぎの 二つの ことばを 組《く》み合《あ》わせて、一つの ことばに しましょう。（12点《てん》・一つ3点）

① 走《はし》る ＋ 出す ―→（　　）
② 話《はな》す ＋ 合う ―→（　　）
③ うける ＋ とる ―→（　　）
④ 細《ほそ》い ＋ 長《なが》い ―→（　　）

2 つぎの ことばを、二つの ことばに 分《わ》けましょう。（16点・一つ2点）

① ごみばこ（　　）（　　）
② うんどうぐつ（　　）（　　）
③ あつくるしい（　　）（　　）
④ うすぐらい（　　）（　　）

3 つぎの ――線《せん》の ことばと、はんたいの いみの ことばを 書きましょう。（15点・一つ3点）

① れんしゅうが はじまる。（　　）
② サッカーの しあいで かつ。（　　）
③ たいようが のぼる。（　　）
④ 弟《おとうと》は、歌《うた》が じょうずだ。（　　）
⑤ 夏《なつ》は、夜明《よあ》けが 早い。（　　）

4 はってん つぎの ――線の ことばと、いみの にた ことばを 書きましょう。（15点・一つ3点）

① 遠足《えんそく》の じゅんびを する。（　　）
② 昼間《ひるま》は 出かけて います。（　　）
③ うれしい 気もちに なる。（　　）
④ おくれた りゆうを 話す。（　　）
⑤ 外国語《がいこくご》を 学ぶ。（　　）

5 つぎの 文の 中から、かなづかいが まちがって いる ことばを さがして ——線を 引《ひ》き、よこに 正しく 書き直《なお》しましょう。（12点・一つ3点）

① みかずきの 形《かたち》を した パン。

② けいとの セーターが ちじむ。

③ よこずなが、土ひょうに 上がる。

④ まいつき、こずかいを ちょきんする。

6 つぎの （ ）に、「は・を・へ」の どれかを 入れて、いみの 通《とお》る 文に しましょう。（6点・一つ2点）

わたし（ ）、きのう、えきの 近《ちか》くに ある はいしゃさん（ ）行《い》って、むしば（ ）なおして もらいました。

7 つぎの 文で、ことばの つかい方《かた》が 正しい ほうに ○を つけましょう。（8点・一つ4点）

① （ ）まさか 雪《ゆき》は ふるだろう。
（ ）まさか 雪は ふらないだろう。

② （ ）答《こた》えが ぜんぜん わからない。
（ ）答えが ぜんぜん わかる。

8 つぎの ——線の ことばを、ていねいな 言《い》い方に 直しましょう。（16点・一つ4点）

① わたしの 姉《あね》は、ねこが すきだ。
（ ）

② 父《ちち》は、出かけて いて、家《いえ》に いない。
（ ）

③ おじさんから、プレゼントを もらった。
（ ）

④ 家《か》ていほうもんで、先生が 来《く》る。
（ ）

6 ことばの　きまり ①

［　月　日］

学習内容とねらい
文の基本となる、主語と述語の読み取りと、句読点や符号の使い方を学び、文の理解力を伸ばしていくことが大切です。

標準クラス

1 つぎの　文で、「だれが(は)」「何《なに》が(は)」にあたる　ことばの　よこに、――線《せん》を引《ひ》きましょう。

① 妹《いもうと》は、とても　かわいい。
② きのうから、雪《ゆき》が　ふって　いる。
③ かれの　せは　とても　高《たか》い。
④ ぼくの　家《いえ》は　海《うみ》に　近《ちか》い。
⑤ ねこの　子どもが　生まれた。
⑥ 今日《きょう》は、まちに　まった　うんどう会《かい》だ。
⑦ きっと　明日《あす》は　晴《は》れるだろう。
⑧ きみも　いっしょに　行《い》こう。
⑨ ぼくの　えんぴつが　おれた。
⑩ 南《みなみ》から　しめった　空気が　ながれこんだ。

2 つぎの　文で、「どう　する」「どんなだ」「何《なん》だ」に　あたる　ことばの　よこに、――線を　引きましょう。

① 毎日《まいにち》　国語《こくご》の　勉強《べんきょう》を　する。
② この　道《みち》は、車の　交通《こうつう》が　はげしい。
③ ちらっと　時計《とけい》を　見る。
④ 姉《あね》は　色《いろ》が　白い。
⑤ 旅行《りょこう》に　行《い》くのは、南の　しまだ。
⑥ 夜空《よぞら》に　星《ほし》が　またたく。
⑦ 新《あたら》しく　はしを　かける。
⑧ 今日は、風《かぜ》が　強《つよ》い。
⑨ ぼくの　父《ちち》は、四十才《さい》です。
⑩ 色えんぴつで　絵《え》を　かく。

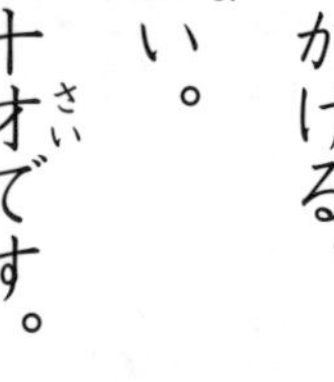

3 つぎの 文に 「、」を 一つずつ つけましょう。

① おじいさんと おばあさんは しあわせに くらしました。

② しゅくだいを 午前中《ごぜんちゅう》に すませて 午《ご》後《ご》は 思《おも》いきり あそぼう。

③ たけしくんの 家の にわで バーベキューを した。

4 つぎの 文章《ぶんしょう》で、「。」が ぬけて いる ところに 「。」を つけましょう。

① お正月に たくさん お年玉を もらった だいじに とって おこう。

② ぼくは お父《とう》さんとの やくそくを やぶりました だから、今月《こんげつ》は おこづかいが ありません。

---

5 つぎの 文章の 会話《かいわ》の 部分《ぶぶん》に、「 」を つけましょう。

① たかしくんが 本を もって きて、これ おもしろいから 見ろよ。と 言《い》うので、本の 表紙《ひょうし》を 見た。そこには 『楽《たの》しい 科学《かがく》』と いう タイトルが 書《か》いて あり、なんだか 気に なったので、おもしろそうだね。読《よ》ませて もらうよ。と 言って、たかしくんから 本を うけとった。

② 今日は、さか上がりを します。そう おっしゃって 先生が ぼくたちを 見回《みまわ》した とたん、えー、いやだー。とか、わたし、さか上がり できるように なったんだ。とか いう 声《こえ》が あがりました。先生は、はい、しずかに しましょう。と おっしゃいました。

ハイクラス

時間	合かく点	とく点
20分	80点	点

〔　月　日〕

1 つぎの 文の 組《く》み立《た》ては、**ア**「何《なに》が どう する」、**イ**「何が どんなだ」、**ウ**「何が 何だ」の どれに あたりますか。それぞれ 記号《きごう》で 答《こた》えましょう。（36点《てん》・一つ4点）

① わたしは 昼《ひる》から 友《とも》だちと 会《あ》う。（　　）

② 雪《ゆき》に なると 家《いえ》の 中は さむい。（　　）

③ この もんだいは むずかしい。（　　）

④ 父《ちち》への プレゼントは ネクタイだ。（　　）

⑤ ぼくは ぬいだ くつを そろえた。（　　）

⑥ となりの へやは とても しずかだ。（　　）

⑦ さくらが 今年《ことし》も 花を さかせた。（　　）

⑧ この くだものは、新《しん》せんだ。（　　）

⑨ ふじ山は、日本で いちばん 高《たか》い 山だ。（　　）

2 つぎの □ の ことばを ならべかえて、文を 作《つく》りましょう。（主語《しゅご》の あとには「、」を、文の おわりには「。」を つけましょう。）（24点・一つ8点）

①
お母《かあ》さんと　ホットケーキを　わたしは　作《つく》りました

（　　　　　　　　）

②
この　セーターは　とても　毛糸《けいと》の　あたたかい

（　　　　　　　　）

③
チームの　今日《きょう》から　なかまだ　山田《やまだ》くんも

（　　　　　　　　）

3 つぎの 文は、「、」の つけ方《かた》で いみが かわって きます。（ ）の いみに なるように 「、」を つけましょう。（20点・一つ5点）

① ぼくは なきながら 走《はし》る 弟《おとうと》を おいかけた。
〈ないて いるのは ぼく〉

② ぼくは なきながら 走る 弟を おいかけた。
〈ないて いるのは 弟〉

③ わたしは 岩《いわ》に すわって つりを して いる 兄《あに》を ながめて いました。
〈岩に すわって いるのは わたし〉

④ わたしは 岩に すわって つりを して いる 兄を ながめて いました。
〈岩に すわって いるのは 兄〉

---

4 つぎの 文章《ぶんしょう》の 会話《かいわ》の 部分《ぶぶん》に、「 」を つけましょう。（「 」を つけるのは、四か所《しょ》 です。）（20点・一つ5点）

王さまの へやの まどの 上に、ことしも つばめが やって きました。つばめは、いっしょうけんめい すを 作りなおして います。

王さまは、気に なります。ときどき、そっと のぞいたり します。

もう できたかな。

と、べんきょうの 時間《じかん》に なっても、よそ見ばかり して います。

先生が、

すを こわして しまいますよ。

と 言《い》いました。

だめだ。いかん。ぜったいに こわしちゃ だめだぞ。

では、もっと しっかり べんきょうしなさい。

と いう ぐあいでした。

（てらむら てるお「王さま 出かけましょう」）

7 ことばの　きまり　②

学習内容とねらい

語と語、文と文の関係を表す「つなぎ言葉」と、文章で同じ言葉の繰り返しをさけるために使われている「指示語(こそあど言葉)」を学びます。

〔　月　日〕

標準クラス

1 つぎの　文の（　）に　入る　ことばを　あとから　えらんで、記号《きごう》で　答《こた》えましょう。

① 春《はる》が　来《き》た。（　　）、あたたかい。

② 春が　来た。（　　）、まだ　さむい。

③ 雨が　ふって　きた。（　　）、風《かぜ》も　強《つよ》く　なって　きた。

④ ノートを　買《か》おうか。（　　）、色《いろ》えんぴつを　買おうか。

⑤ 昼《ひる》が　みじかいと　いう　ことは、（　　）、日ぐれが　早いと　いう　ことだ。

⑥ みんな　そろいましたか。（　　）、出ぱつしましょう。

ア それに　**イ** つまり　**ウ** しかし

エ だから　**オ** では　**カ** それとも

2 つぎの　文の（　）に　入る　ことばを、あとから　えらんで　書《か》きましょう。

① （　　）けしゴムを　ひろって　ください。

② 売店《ばいてん》は、（　　）に　あります。

③ （　　）は、父《ちち》の　かばんです。

④ この　ビー玉は、（　　）から　ころがって　きたのだろう。

これ　あちら　その　どこ

3 つぎの（　）に、「のに」か「ので」の どちらかを 入れて、いみの 通《とお》る 文に しましょう。

① 雨が ふって きた（　　）、いそいで 家《いえ》に 帰《かえ》った。

② いっしょうけんめい 走《はし》った（　　）、バスに のりおくれて しまった。

③ かいだんから おちた（　　）、どこにも けがは なかった。

④ くつが どろんこに なった（　　）、せっけんを つけて あらった。

⑤ 昼ごはんを しっかり 食《た》べた（　　）、もう おなかが すいて きた。

4 つぎの 文の（　）に あてはまる ことばを あとから えらんで、記号で 答えましょう。

① 学校から 帰って きた 妹《いもうと》は、テレビ（　　）見て いる。

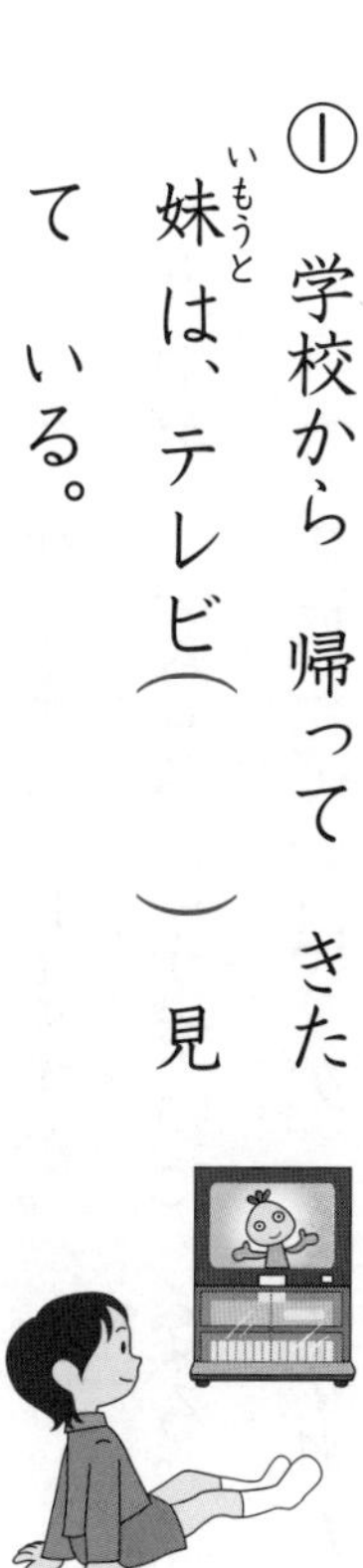

ア きり　**イ** ながら
ウ ばかり　**エ** くらい

② ピアノの はっぴょう会《かい》まで、あと 三日（　　）ない。

ア しか　**イ** まで
ウ から　**エ** ほど

③ 山の 中は、さびしい（　　）、かえって 鳥《とり》の 声《こえ》で にぎやかだ。

ア やら　**イ** から
ウ こそ　**エ** どころか

時間	合かく点	とく点
20分	80点	点

〔　月　日〕

1 つぎの 文の（　）に 入る ことばを あとから えらんで、記号《きごう》で 答《こた》えましょう。（24点《てん》・一つ6点）

① 三つの うち、正かいは（　　）ですか。

② きみが もって いる（　　） 本は、おもしろいですか。

③ 遠《とお》くに 見える（　　）は 何《なん》だろう。

④ わたしが はいて いる（　　）くつは、きのう 買《か》った ものです。

ア この　**イ** その　**ウ** あれ　**エ** どれ

2 つぎの 文の（　）に 入る ことばを あとから えらんで、記号で 答えましょう。記号は 一回《いっかい》だけ つかいます。（28点・一つ4点）

① 今日《きょう》は おつかれさまでした。（　　）、あなたは どちらまで 帰《かえ》るのですか。

② 海《うみ》へ 行《い》くのは 楽《たの》しい。（　　）、けがを しては 楽しさも だいなしだ。

③ きみの いけんは 正しい。（　　）、さんせいしたのです。

④ どうぶつ園《えん》に 行こう。（　　）、大きな くまを 見よう。

⑤ 先生が しつもんした。（　　）、みんな いっせいに 手を あげた。

⑥ デザートは プリンに しますか。（　　）、ケーキに しますか。

⑦ 大雨が ふると、こうずいに なる。（　　）、川に ていぼうが きずかれた。

ア そこで　**イ** だから　**ウ** それとも
エ すると　**オ** そして　**カ** ところで
キ しかし

3 文が 正しく つながる ほうに、○を つけましょう。（24点・一つ6点）

① こんど｛（　）こそ／（　）さえ｝、せいこうは まちがいなしだ。

② この ことは、兄《あに》と ぼく｛（　）より／（　）だけ｝の ひみつだ。

③ アメリカで くらして いる 友《とも》だち｛（　）まで／（　）から｝、はがきが とどいた。

④ 夏休《なつやす》みには、がんばって 本を 五さつ｛（　）ぐらい／（　）きり｝読《よ》みたいと 思《おも》う。

はってん

4 つぎの 二つの 文を、れいのように 一つの 文に しましょう。（24点・一つ8点）

れい ・日が くれた。
・明《あ》かりを つけた。
（日が くれたので、明かりを つけた。）

① ・おなかが いたかった。
・学校へ 行った。

（　　　　　　　　）

② ・がんばって べんきょうした。
・テストで 百点《ひゃくてん》を とった。

（　　　　　　　　）

③ ・セーターも 買った。
・手ぶくろも 買った。

（　　　　　　　　）

8 ことわざ・かんようく

学習内容とねらい
日常の生活でよく使われることわざや慣用句を集めています。意味や使い方をしっかり覚え、日常会話で使えるようにします。

〔　月　日〕

標準クラス

1 つぎの ことばの いみを あとから えらんで、記号《きごう》で 答《こた》えましょう。

① 目が ない　（　　）
② 耳を かたむける　（　　）
③ はなに かける　（　　）
④ 口が すべる　（　　）
⑤ 首《くび》を 長《なが》く する　（　　）
⑥ のどから 手が 出る　（　　）

ア うっかり 話《はな》して しまう。
イ 自《じ》まんする。
ウ ちゅういして じっと 聞《き》く。
エ ほしくて たまらない ようす。
オ とても すきで ある。
カ 今《いま》か 今かと まちわびる ようす。

2 つぎの いみに なるように、（　）に 入る ことばを 〔　〕から えらんで 書《か》きましょう。

① 見つからないように、こっそり する。
（　　）を ぬすむ　〔目・耳〕

② くろうする。めんどうだ。
（　　）が おれる　〔ほね・うで〕

③ おどろいて、立ち上がれなく なる。
（　　）を ぬかす　〔こし・かた〕

④ くるしさなどを ひっしで がまんする。
（　　）を くいしばる　〔手・は〕

3 つぎの（　）に 入る ことばを、あとから えらんで 書きましょう。

① 弟《おとうと》の いたずらに、（　　）を やく。

② わるくちを 言《い》われて （　　）を 立てる。

③ よく ない うわさを （　　）に する。

④ たいした けがでは ないと 知《し》って、（　　）を なでおろす。

⑤ 歩《ある》きつかれて、（　　）が ぼうに なる。

はら	むね	耳
足	首	手

4 つぎの ことわざの いみを あとから えらんで、記号で 答えましょう。

① ねこに こばん （　　）

② さるも 木から おちる （　　）

③ しっぱいは せいこうの もと （　　）

④ 石の 上にも 三年 （　　）

⑤ ころばぬ 先の つえ （　　）

ア なにごとも しんぼうして いれば、いつかは せいこうする。

イ しっぱいしないように、前《まえ》もって ちゅういして おく ことが たいせつだ。

ウ ねうちの ある ものでも、その ねうちが わからない ものには、何《なん》の やくにも 立たない。

エ 名人でも、ときには しっぱいする。

オ しっぱいしても、やり方《かた》や 考《かんが》え方を 直《なお》せば、やがては せいこうする。

ハイクラス

時間	合かく点	とく点
20分	75点	点

（　月　日）

1 つぎの□には、体《からだ》の部分《ぶぶん》をあらわすことばが入ります。それぞれにあてはまるきょう通《つう》のことばを、かん字一字で書《か》きましょう。（24点《てん》・一つ6点）

① □
- に　おえない
- を　うつ
- も　足も　出ない

② □
- を　うたがう
- を　三角《さんかく》に　する
- が　高《たか》い

③ □
- が　かるい
- を　とがらせる
- を　出す

④ □
- が　広《ひろ》い
- が　売《う》れる
- に　どろを　ぬる

2 つぎの（　）に入ることばを、あとからえらんで書きましょう。（24点・一つ6点）

① だれにたいしても親切《しんせつ》な大山さんには、（　　）が下がる。

② 先生がちゅういされたことは、わたしにもおぼえがあったので、（　　）がいたい。

③ 弟《おとうと》はよその家《いえ》に行《い》くと、かりてきた（　　）のようにおとなしくなる。

④ 兄《あに》の言《い》うことは、いつも（　　）をつかむような話《はなし》ばかりだ。

犬　ねこ　雲《くも》　雪《ゆき》
頭《あたま》　むね　耳　あご

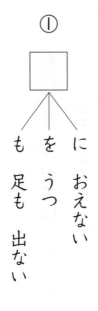

3 ――線《せん》の　ことばの　つかい方《かた》が　正しい文には　○を、まちがって　いる　文には×を　つけましょう。（24点・一つ6点）

①（　）サッカーの　しあいを、手に　あせを　にぎり　見て　いた。

②（　）あまりの　うれしさに、顔《かお》から火が　出た。

③（　）今日《きょう》は　先生に　ほめられて、耳に　たこが　できた。

④（　）いそがしくて　目が　回《まわ》る。

はってん

4 「いそがば　回れ」の　ことわざの　いみで、正しい　ほうに　○を　つけましょう。（4点）

（　）いそがない　ときは、近道《ちかみち》を　せずに、遠回《とおまわ》りを　して　ゆっくり　行《い》くのが　よい。

（　）いそぐ　ときは、遠回りに　なってても、あんぜんな　道を　行く　ほうが、かえって　早く　つく。

5 つぎの　いみの　ことわざに　なるように、（　）に　入る　ことばを　あとから　えらんで　書きましょう。（24点・一つ8点）

① 思《おも》いがけない　こううんに　めぐり会《あ》うこと。

（　）から　ぼたもち

② 見かけの　よい　ものより、じっさいにやくに　立つ　ものの　ほうが　よい。

花より（　）

③ 目立たない　ところで、人の　ためにくろうや　手だすけを　する　こと。

えんの　下の（　）

だんご　まんじゅう　力もち
たな　おし入れ　大黒《だいこく》ばしら

チャレンジテスト③

時間	合かく点	とく点
20分	75点	点

（　月　日）

1 つぎの ことわざの（　）に 入る ことばを、あとから えらんで 書《か》きましょう。（24点《てん》・一つ4点）

① （　）も 歩《ある》けば ぼうに 当《あ》たる

② ちりも つもれば（　）と なる

③ （　）の 耳に ねんぶつ

④ 立つ（　）あとを にごさず

⑤ （　）かくして しり かくさず

⑥ 石の 上にも（　）年

馬《うま》　犬　三　鳥《とり》　山　頭《あたま》

2 つぎの「ねこ」を つかった ことばの いみを あとから えらんで、記号《きごう》で 答《こた》えましょう。（24点・一つ4点）

① ねこを かぶる（　）

② ねこの 手も かりたい（　）

③ ねこの 目のよう（　）

④ ねこの ひたい（　）

⑤ ねこに こばん（　）

⑥ ねこに かつおぶし（　）

ア むだな こと。

イ へんかが はげしい こと。

ウ ゆだん できない こと。

エ せまい こと。

オ たいへん いそがしい こと。

カ おとなしいように 見せかける。

3 つぎの 文の 主語《しゅご》には ——線《せん》を、じゅつ語には ～～線を 引《ひ》きましょう。（18点・一つ3点）

① ぼくの 姉《あね》は とても きれいだ。

② あさがおの 花が きれいに さいた。

③ この へやは とても あたたかい。

4 つぎの 文の 組《く》み立ては、**ア**「何《なに》が どうする」、**イ**「何が どんなだ」、**ウ**「何が 何《なん》だ」の どれに あたりますか。それぞれ 記号で 答えましょう。（12点・一つ4点）

① 妹《いもうと》は、来年《らいねん》 一年生に なる。（　　）

② とんぼは、こん虫だ。（　　）

③ この 本は とても むずかしい。（　　）

5 つぎの 文は、「、」の つけ方《かた》で いみが かわって きます。（ ）の いみに なるように 「、」を つけましょう。（10点・一つ5点）

① 父《ちち》は ごはんを 食《た》べながら べんきょうを して いる 兄《あに》を 見て いた。
（食べて いるのは 父）

② 父は ごはんを 食べながら べんきょうを して いる 兄を 見て いた。
（食べて いるのは 兄）

6 つぎの 文を、[　] の ことばを 一つ つかって、二つの 文に しましょう。（12点・一つ6点）

① 外《そと》は さむいので、うわぎを きて 出かけた。
（　　）

② ふたを あけたら、何かが とび出した。
（　　）

でも　それとも　だから　すると

（　月　日）

9 ものごとを 読《よ》みとる

学習内容とねらい
文章の中で使われている言葉が、どういった内容を表しているのか、文章中から読み取っていくことが読み取りの基本となります。

標準クラス

1 つぎの 文章《ぶんしょう》を 読《よ》んで、あとの といに 答《こた》えましょう。

雪国《ゆきぐに》では、十一月も 半《なか》ばに なると、秋晴《あきば》れの 日が めっきり へり、どんよりと くもった はだ寒《ざむ》い 日が つづく。そして、海《うみ》や 山の ほうで、ときおり、遠《えん》らい（遠《とお》くで 聞《き》こえる かみなり）の 鳴《な》るのが 聞こえて くる。雪国の 人たちは、むかしから、この 初冬《しょとう》の かみなりを ①「雪おこし」とか、「雪おろし」と よんで、②初雪《はつゆき》の 近《ちか》い ことの 知《し》らせと 考《かんが》えて きた。

それは たしかに 当《あ》たって いる。この 季《き》節《せつ》に なると、季節風《きせつふう》が ふきはじめ、あつい 雲《くも》が 空を おおう。その 雲の 上の ほうは、ちょうど 夏《なつ》の 入道雲《にゅうどうぐも》のように なって いて、そこで かみなりが おこる。それが 雲の 下に ぶきみに ひびいて くる。

（はらだ しん「雪の ある くらし」平成四年度版東京書籍「新しい国語四下」）

(1) ――線《せん》①の「雪おこし」「雪おろし」とは、何《なん》ですか。七字で ぬき出しましょう。

(2) ――線②を つぎのように せつ明《めい》する とき、（　）に あてはまる ことばを 本文中から ぬき出しましょう。

・（　　　）の 半ばに なると、（　　　）が ふきはじめ、雪を ふらせる （　　　）が 空を おおい、そこで かみなりが おこるから。

2 つぎの 文章を 読んで、あとの といに 答えましょう。

山の けものは 多《おお》く 夜《よる》の 間《あいだ》に 出て 歩《ある》く。朝《あさ》に なって みると、一面《いちめん》の 白い 雪の 上に、たくさん その 足あとが 残《のこ》って いる。いちばん 多いのは やまうさぎの 足あとで、これは だれにでも すぐ 分《わ》かる。

いなかに 住《す》んで いた 人は 知って いるだろうが、うさぎの 足あとは、ほかの けものと ちがって、おもしろい 形《かたち》を して いる。ちょうど ローマ字の T《ティー》のような 形で、前《まえ》の ほうに、横《よこ》に 二つ ならんで 大きな 足あとが あり、その 後《うし》ろに、たてに 二つの 小さな 足あとが ある。

後ろに ある、たての 小さい 二つが うさぎの 前足で、前の ほうに ある、大きい 横ならびの 二つが うさぎの 後足《あとあし》で ある。うさぎの 後足は 前足よりも 大きく、歩く とき、前足を ついて ぴょんと とぶと、大きな 後足が 前足よりも 前の ほうへ 出るので ある。

（たかむら こうたろう「山の 雪」）

(1) この 文章は、何に ついて 書《か》かれて いますか。九字で ぬき出しましょう。

(2) ——線「おもしろい 形」と ありますが、どのような 形ですか。

（　　　　　　　　）

(3) うさぎの 前足と 後足では、どちらの ほうが 大きいですか。（　　　　）

(4) うさぎの 歩き方《かた》を つぎのように せつ明する とき、（　）に あてはまる ことばを 本文中から ぬき出しましょう。

・（　　　　）を ついて （　　　　）と ぶと、（　　　　）が （　　　　）より も 前の ほうへ 出る。

ハイクラス

時間	合かく点	とく点
20分	80点	点

（　月　日）

1 つぎの 文章《ぶんしょう》を 読《よ》んで、あとの といに 答《こた》えましょう。

わたしたちは、顔《かお》を あらう とき、手で 水を すくいます。おかしを 食《た》べる とき、手で つまみます。ドアを ノックする とき、手で たたきます。また、手で 引《ひ》っぱって、糸を 切《き》ったり、紙《かみ》を ちぎったり します。

このように、①わたしたちの 手は、さまざまな はたらきを して います。

けれども、②わたしたちの 手では できない ことも、たくさん あります。そう いう とき、わたしたちは、どうぐを つかいます。では、どんな ときに、どんな どうぐを つかうのでしょう。

水は、手で すくう ことが できます。けれども、③あつい スープや おゆを 手で すくったら、やけどを して しまうでしょう。それで、スプーンや ひしゃくを つかいます。また、一《いち》度《ど》に たくさんの 土や すなを すくう ときは、④シャベルを つかいます。

おかしは 手で つまむ ことが できますが、ごはんを 食べる ときは、ふつうは はしを つかいます。はしを つかえば、あつい ごはんや おかずも つまめます。もえて いる 木切《きぎ》れや すみを つまむ ときは、⑤火ばしや 火ばさみを つかいます。

ドアは 手で たたく ことが できますが、くぎを 手で たたいて うちこむ わけには いきません。それで、⑥金づちを つかいます。くいを うつ ときは、大きな ⑥ハンマーを つかいます。野球《やきゅう》で ボールを うつ ときは、⑥バットを つかいます。

糸や 紙なら、手で 切ったり ちぎったりする ことが できます。けれども、⑦太《ふと》い はり金や あつい ぬの、木などは、手では 切れません。それで、はり金を 切る ときは、ペンチを つかいます。ぬのを 切る ときは、はさみを

つかいます。木を　切る　ときは、のこぎりを
つかいます。

どうぐは、わたしたちの　手の　はたらきを
たすける　ものだけでは　ありません。わたした
ちは、その　ほかにも、毎日《まいにち》　たくさんの　どう
ぐを　つかって、生活《せいかつ》して　います。

どうぐは、たいへん　べんりな　ものです。け
れども、⑧どうぐが　自分《じぶん》で　しごとを　して　く
れる　わけでは　ありません。どうぐを　作《つく》り出
し、それを　つかって　しごとを　するのは、わ
たしたち　人間《にんげん》なのです。

（おおぬま　てつろう「わたしたちと　どうぐ」平成元年度版光村図書「こくごたんぽぽ二上」）

(1) ――線《せん》①と　ありますが、本文に　書《か》かれて　いる　四つの　手の　はたらきを　書きましょう。（16点《てん》・一つ4点）

（　　）（　　）（　　）（　　）

(2) ――線②の　ときには、どう　しますか。（10点）

（　　）

(3) ――線③を　すくうには、どう　しますか。（10点）

（　　）

(4) ――線④を　つかうのは　どのような　ときですか。（12点）

（　　）

(5) ――線⑤は、何《なに》を　つかむ　ときに　つかいますか。（10点）

（　　）

はってん

(6) ――線⑥の　三つの　どうぐは、どう　いう　ときに　つかいますか。（12点）

（　　）

(7) ――線⑦を　切る　ときには、それぞれ　どんな　どうぐを　つかいますか。（15点・一つ5点）

太い　はり金（　　）

あつい　ぬの（　　）

木（　　）

(8) ――線⑧と　ありますが、しごとを　するのは　何《なん》ですか。（15点）

（　　）

10 げんいんや　りゆうを　考《かんが》える

（　　月　　日）

学習内容とねらい

あるものごとが、どういった理由や原因で起こるのかを、文章中から読み取っていくことが大切です。そのためには、段落ごとの要点をとらえることが重要です。

標準クラス

1 つぎの　文章《ぶんしょう》を　読《よ》んで、あとの　といに　答《こた》えましょう。

　ヨーグルトと　牛《ぎゅう》にゅう、どちらも　まっ白で　よく　にて　いますね。じつは　ヨーグルトは　牛にゅうが　へんしんした　ものなのです。

　牛にゅうを　おいしい　ヨーグルトに　へんしんさせるには　小さな　①ひみつが　あります。

　それは「にゅうさんきん」を　入れる　ことです。

　にゅうさんきんは　目に　見えないほど　小さな　生きものですが、牛にゅうの　中の　「にゅうとう」を「にゅうさん」に　かえて、ヨーグルトへと　へんしんさせる　ことが　できるのです。

　この　へんしんの　ことを「はっこう」と　いいます。

　②牛にゅうが　はっこうすると、少《すこ》し　すっぱくて　なめらかな　ヨーグルトに　なると　いうわけです。

（「なぜ？　どうして？　科学《かがく》のお話《はなし》　2年生」〈学研《がっけん》〉）

(1)　——線《せん》①「ひみつ」とは、どんな　ことですか。

（　　　　　　　　　　　　　　　　　）

(2)　この「へんしん」を　何《なん》と　いいますか。

（　　　　　　　　）

(3)　ヨーグルトは、牛にゅうの　中の　何《なに》が　何に　かわる　ことで　できますか。

何が（　　　　　　）　何に（　　　　　　）

(4)　——線②「牛にゅうが　はっこうする」と、どんな　ヨーグルトに　なりますか。

（　　　　　　　　　　　　　　　　　）

2 つぎの 文章を 読んで、あとの といに 答えましょう。

ふん火は なぜ おきるのでしょうか。

まず、地球《ちきゅう》の 地面《じめん》の 下の ふかい ところで 岩石《がんせき》が どろどろに とけた 「マグマ」が できます。この マグマは 少しずつ 上に のぼって、地面に 近《ちか》い ところで たまります。

たまった マグマが、地面を つきやぶって ふき出して くるのが ふん火です。

ふん火が おきると、山の てっぺんから、けむりと ともに、石や はいなどが ふり、まっ赤《か》な マグマが 「ようがん」と なって ながれおちて きます。どろどろに とけた ようがんは ものすごく あつく、温度《おんど》は 千度にも なります。

その ため、火山が ふん火しそうに なったら、近くに いる 人たちは、いそいで あんぜんな 場所《ばしょ》に ひなんしないと、とても きけんです。

（「なぜ？ どうして？ 科学のお話 2年生」〈学研〉）

(1) 「ふん火」とは どのような ことですか。つぎの （ ）に あてはまる ことばを ぬき出しましょう。

地球の 地面の 下の （　　　）で とけた （　　　）が マグマと なって、地面に （　　　）で たまり、その マグマが、地面を つきやぶって （　　　） くる こと。

(2) ふん火に よって 出て きた 「マグマ」を 何と いいますか。

（　　　）

(3) ――線と ありますが、それは なぜですか。（ ）に あてはまる ことばを 書《か》きましょう。

石や （　　　）などが ふって くる うえに、（　　　）度を こえる ようがんが （　　　） くるから。

ハイクラス

時間	合かく点	とく点
20分	80点	点

〔　月　日〕

1 つぎの 文章《ぶんしょう》を 読《よ》んで、あとの といに 答《こた》えましょう。

おふろの そこに かた手を つけただけで、自分《じぶん》の 体《からだ》を うかせた ことが ありますか。水の 中では、体が かるく なりますね。そして 大人《おとな》でも、子どもでも、体の 大きさに かんけい なく、同《おな》じように、水の 中では、かるく なります。

おふろで、かんたんな じっけんを して みましょう。

ペットボトルの、大きいのと 小さいのを、二つ 用意《ようい》します。どちらも 空に して、ふたを しっかり しめて おきます。

まず、小さい ほうの ペットボトルを、おゆの 中に ぜんぶ、入れて ください。

力を 入れて おさえないと、水の 中に 入れる ことは できません。力を ぬくと、あっというまに ういて しまいます。つぎに、大きい ほうの ペットボトルを、同じように 入れて みましょう。こんどは、もっと 力が いるでしょう。つまり、大きい ものほど、水の 中では、うかせようと する 力が 大きい ことが わかります。

（　　）、お父《とう》さんと いっしょに おふろに 入った とき、お父さんには、あなたより、ずっと 大きな、うかせようと する 力が はたらいて いる ことに なります。

おふろに おゆを いっぱい 入れて、体を おゆの 中に しずめると、水が あふれ出ますね。じつは、この あふれ出た 水の りょうの おもさの 分だけ、わたしたちの 体は、おゆの 中では かるく なって いるのです。

（ひさみち けんぞう「科学《かがく》 なぜ どうして 三年生」〈偕成社〉）

(1) □の　部分《ぶぶん》を　つぎのように　みじかく　まとめました。（　）に　あてはまる　ことばを、本文中から　それぞれ　ぬき出しましょう。（40点《てん》・一つ8点）

・（　　　）では、体の（　　　）にかんけい　なく、体が（　　　）なるので、（　　　）を　つけただけで、体を（　　　）る　ことが　できる。

(2) □の　じっけんで　わかった　ことを　つぎから　えらんで、記号《きごう》で　答えましょう。（20点）

ア　ペットボトルには、いろいろな　大きさが　ある。

イ　大きな　ペットボトルには、より　大きな　うかせようと　する　力が　かかる。

ウ　大きな　ペットボトルには、たくさん　空気が　入る。

（　　　）

(3) 本文中の（　　　）に　あてはまる　ことばを　つぎから　えらんで、記号で　答えましょう。（20点）

ア　けれども

イ　ところで

ウ　ですから

（　　　）

はってん
(4) さい後《ご》の　まとまりで　書かれて　いる　ことに　合《あ》う　ほうに、○を　つけましょう。（20点）

（　　）お父さんと　おふろに　入った　とき、あなたには　お父さんより、ずっと　大きな　うかせようと　する　力が　はたらいて　いる。

（　　）体を　おゆの　中に　しずめた　とき、あふれ出た　水の　りょうの　おもさの　分だけ、体は　おゆの　中で　かるく　なって　いる。

〔　月　日〕

11 きろくや かんさつした ことを 読《よ》みとる

学習内容とねらい

身の回りのどういったことに疑問をもち、記録・観察されたのか、事実や実験の目的を丁寧に読み取っていきます。

標準クラス

1 つぎの 文章《ぶんしょう》を 読《よ》んで、あとの といに 答《こた》えましょう。

五月の ある 朝《あさ》、黒《くろ》い うぶ毛《げ》の 子ぎつねが 一ぴき、生まれて はじめて すから 出て きました。見ると、しっぽに べつの 子ぎつねが かみついて います。

はじめの 子ぎつねは、きっと にげ出して きたのでしょう。うなりながら、ひっくりかえったり 相手《あいて》を けとばしたり しました。けれども、ふりはなす ことが できません。二ひきは、草の 上を ごろごろ ころげ回《まわ》りました。それは、まるで レスリングを して いるようでした。

その 日から、子ぎつねたちは、お父《とう》さんや お母《かあ》さんが そばに いる ときには、外《そと》で レスリングを して あそぶように なりました。

（たけたづ みのる「きたきつねの 子ども」）

(1) どんな 子ぎつねが、すから 出て きたのですか。

（　　　　）

(2) 見ると、子ぎつねの しっぽは どう なって いましたか。（　）に あてはまる ことばを ぬき出しましょう。

べつの（　　　）が、（　　　）いた。

(3) ——線《せん》について、答えましょう。

① この ようすを 何《なに》に たとえて いますか。

（　　　　）

② 二ひきは 何を して いるのですか。記号《きごう》で 答えましょう。

ア けんかを して いる。
イ あそんで いる。
ウ 体《からだ》を きたえて いる。

（　　）

2 つぎの 文章を 読んで、あとの といに 答えましょう。

海《うみ》べで、一ぴきの ヤドカリを かんさつしました。この ヤドカリは、もう 一ぴきの 小さい ヤドカリに 出会《であ》いました。相手の ヤドカリは、貝がらの 中に かくれました。相手の からは、少《すこ》し 大きめです。

はじめ、この ヤドカリは、相手の ヤドカリの 貝がらを 回したり、入り口に はさみを つっこんだり しました。貝がらの 大きさや ひょうめんの きずを しらべて いるようです。

つぎに、相手の 貝がらの 入り口に はさみを 入れて、自分《じぶん》の 貝がらに 何度《なんど》も ぶつけました。そして、相手が 貝がらから 出ると、すばやく、その からの 中に 入って いきました。相手の ヤドカリは、入れちがいに、空に なった 貝がらに 入りました。

ヤドカリは このように、相手の 貝がらが 気に 入れば、中の ヤドカリと 入れかわるように して 住《す》みかえるのです。

（いまふく みちお「ヤドカリの 引《ひ》っこし」平成四年度版光村図書「国語三上わかば」）

(1) ――線と ありますが、ヤドカリは 何を して いるのですか。

（　　）

(2) この 文章に 合《あ》わない ものを 一つ えらんで、記号で 答えましょう。

ア 自分の このみに 合った ものに 住む。
イ 相手の 貝がらが 気に 入れば おい出す。
ウ だれも 住んで いない 貝がらだけに 引っこす。

（　　）

ハイクラス

時間 20分　合かく点 80点　とく点 点

〔 月 日〕

1 つぎの 文章《ぶんしょう》を 読《よ》んで、あとの といに 答《こた》えましょう。

シャボン玉は、どんな 色《いろ》を して いるので しょうか。また、どうして、そのような 色に なるのでしょうか。シャボン玉を 作《つく》って しらべて みましょう。

まず、ゆざましの 水を コップに 半分《はんぶん》 用《よう》意《い》します。その 中に、けしょう石けんを、小指《こゆび》の 頭《あたま》ぐらい けずって とかします。よく ふくらむように、さとうも 少《すこ》し とかします。つぎに、ふきこむ いきを 弱《よわ》める ために、中ほどに、①二、三かしょ あなを 空けた ストローを 用意します。この えきと ストローを つかって、シャボン玉を 作ります。

ストローの 一方《いっぽう》の 口に シャボン玉えきを つけて、ゆっくりと ふきます。すると、シャボン玉は ふくらみ、いろいろな 色が、あらしのように ②目まぐるしく うごき回《まわ》ります。さらに、ゆっくりと いきを ふきこんで いくと、あらしは おさまって、青一色《いっしょく》に なります。

つづけて ゆっくり いきを ふきこんで、もっと 大きく します。すると、青い シャボン玉には、赤い ふちどりが できて きます。そして、赤い ふちどりは 広《ひろ》がり、全体《ぜんたい》が 赤っぽく なります。

その うちに、黄色《きいろ》の ふちどりが あらわれます。そして、黄色の ふちどりは 全体に 広がり、黄色の 一色に なります。

このように、シャボン玉は、さまざまに まじり合《あ》った 色の もようから、青、赤、黄色の 三色に かわります。そして、この 色がわりは 何回《なんかい》 やっても 同《おな》じ じゅん番《ばん》です。

では、どうして、シャボン玉は、このように きまった じゅん番で 色がわりを するのでしょうか。

じつは、シャボン玉の 色は、まくの あつさ

によって　きまるのです。いきを　ふきこんで、シャボン玉が　大きく　なるに　つれて、まくは　うすく　なります。まくの　あつさが　かわると、色が　かわります。青、赤、黄色と　色が　かわったのは、まくが　うすく　なって　いったからです。

　さまざまな　色の　もようが　まじり合うのは、まくの　あつさが　どこも　ひとしく　ない　ときです。にじのような　しまもようが　できるのは、下の　方ほど、まくが　あつく　なって　いる　ときだったのです。一色に　なるのは、ゆっくりと　ふいて、まくの　あつさが　どこも　ひとしく　なった　ときだったのです。

（さとう　さなえ「シャボン玉の　色がわり」平成四年度版光村図書「国語三上わかば」）

(1)　この　文章は、何《なに》に　ついて　書いて　いますか。（10点《てん》）

（　　　　　）

(2)　——線《せん》①と　ありますが、何の　ために　あなを　空けるのですか。（10点）

（　　　　　）

(3)　——線②と　ありますが、この　ようすを　何に　たとえて　いますか。三字で　ぬき出しましょう。（10点）

□□□

(4)　シャボン玉の　色は、どのような　じゅん番で　かわって　いきますか。（　）に　色の　名前《なまえ》を　書きましょう。（20点・一つ10点）

青色→（　　）色→（　　）色

(5)　シャボン玉の　色は、何に　よって　きまりますか。六字で　ぬき出しましょう。（10点）

□□□□□□

(6)　さまざまな　色の　もようが　まじり合うのは、どう　いう　ときですか。（20点）

（　　　　　）

(7)　シャボン玉の　色が　一色に　なるのは、どう　いう　ときですか。（20点）

（　　　　　）

時間 35分　合かく点 75点　とく点 　点

（　月　日）

1 つぎの 文章《ぶんしょう》を 読《よ》んで、あとの といに 答《こた》えましょう。

秋《あき》に なって 木《こ》の 葉《は》が 落《お》ちる 木を、「落《らく》葉樹《ようじゅ》」と いいます。落葉樹の 葉の 多《おお》くは、かれて、茶色《ちゃいろ》に なって 落ちます。でも、なかには、あざやかな 黄色《きいろ》や 赤、だいだい色に いろづいて（これを「紅葉《こうよう》」と いいます）落ちる ものが あります。

イチョウや カエデの 葉が、黄色や 赤に なるのは、あなたも 知《し》って いるでしょう。これらの 葉の つけ根《ね》の ところには、秋に なると、とくべつな へんかが おこります。「りそう」と いう、しきりのような ものが できるのです。葉と、木の えだや みきの 間《あいだ》には、ふつう、水分《すいぶん》や よう分《ぶん》が いききして います。でも、りそうが できると、その いききが とまります。

りそうが できて、水分が 葉に いかなくなると、葉を 緑色《みどりいろ》に して いた 色の もとの 葉緑素《ようりょくそ》が こわれて しまいます。

また、葉緑素が こわれた ために、緑色が うすれると、黄色が めだって きます。イチョウの 葉が 黄色く なるのは、その ためです。

さらに、葉の 中に、赤色の もとが できて くる ものが あります。カエデのような 葉は、その ために 赤く いろづくのです。

りそうは、二、三週間《しゅうかん》ほど すると、しんで、はがれて しまいます。黄色や 赤に なった 葉も、この とき、りそうと いっしょに 落ちて しまいます。

（ひさみち けんぞう「科学《かがく》 なぜ どうして 三年生」〈偕成社〉）

(1) ――線と ありますが、これが できると、何《なん》の いききが とまるのですか。（　）に ことばを 書《か》きましょう。（8点《てん》・一つ4点）

木の えだや みきの 間の（　　）や（　　）の いきき。

(2) カエデの 葉が 赤く なるのは なぜですか。つぎの（　）に あてはまる ことばを、本文中から それぞれ ぬき出して 答えましょう。(12点・一つ4点)

（　　）が こわれて 葉の（　　）が うすれた ところに、（　　）が できて くるから。

(3) つぎの うち、本文で 書かれて いる ことに 合《あ》って いる ものには ○を、合わない ものには ×を つけましょう。(12点・一つ3点)

ア すべての 落葉樹の 葉は、茶色く なって 落ちる。（　）

イ 秋に なって 木の葉が 落ちる 木を「落葉樹」と いう。（　）

ウ りそうから 赤色の もとが 出ると、カエデの 葉は 赤く なる。（　）

エ りそうが はがれると、色づいた 葉も いっしょに 落ちる。（　）

---

2 つぎの 文章を 読んで、あとの といに 答えましょう。

ジャガイモや サツマイモは、①植物《しょくぶつ》の つくった よう分が、たくわえられた ものです。

植物は、太陽《たいよう》の 光《ひかり》の 力を かりて、葉の 中の 「葉緑素《ようりょくそ》（葉の 緑色《みどりいろ》の もと）」で 「でんぷん」と いう よう分を つくります。＊原料《げんりょう》は、土の 中から 根《ね》が すいあげた 水分と、空気中の 「二酸化炭素《にさんかたんそ》」です。

でんぷんは、植物の すみずみに はこばれて いき、からだづくりに 役立《やくだ》ったり、植物が 生《せい》長《ちょう》する ときの エネルギーに なります。

サツマイモは、でんぷんを、根に たくわえます。根は、もともと 細長《ほそなが》い 形《かたち》を して います。それで、サツマイモの　多くが、長い　形をして　います。ニンジン、ダイコン、ゴボウも、根に　よう分を　たくわえて　いて、細長い　形を　して　います。

ジャガイモは、同《おな》じ　土の　中に　できますが、でんぷんが　根っこでは　なくて、土の　中に　ある　くき（地下《ちか》けいと　いいます）に　たくわえられた　ものなのです。

地下けいの　先に　でんぷんが　たまり、大きく　ふくらむので、まるい　形を　して　います。②ハスや　サトイモも、地下けいに　よう分を　ためて　います。

ジャガイモや　サツマイモ、ニンジン、ダイコンなどは、わたしたち　人間《にんげん》の、だいじな　食料《しょくりょう》です。わたしたち　人間は、植物が　つくった　よう分を　利用《りよう》して、生きて　いるのです。

（ひさみち　けんぞう「科学　なぜ　どうして　三年生」〈偕成社〉）

＊原料…品物《しなもの》などを　つくる　もとに　なる　もの。

(1)　――線①「植物の　つくった　よう分」について、つぎの　といに　答えましょう。

①　植物は、よう分を　どう　やって　つくりますか。それが　書かれた　一文を　本文中から　さがし、はじめと　おわりの　五字を　書きましょう。（、や　。も　一字と　します。）（8点）

□□□□□　～　□□□□□

②　その「よう分」は、何と　いいますか。本文中から　四字で　ぬき出しましょう。（5点）

□□□□

③　その「よう分」の　原料は　何ですか。本文中から　二つ　書きましょう。（10点・一つ5点）

（　　　　）（　　　　）

(2) つぎの　植物の　中で、よう分を　根に　たくわえる　ものには　アを、土の　中の　くきに　たくわえる　ものには　イを　書きましょう。（15点・一つ3点）

① ダイコン（　　）
② サツマイモ（　　）
③ サトイモ（　　）
④ ハス（　　）
⑤ ニンジン（　　）

(3) ――線②「ハスや　サトイモも、地下けいに　よう分を　ためて　います」と　ありますが、この　ことから、どのような　ことが　いえますか。つぎから　えらんで、記号《きごう》で　答えましょう。（6点）

ア 地下けいは、でんぷんを　ためるのに　むいて　いる。
イ ハスや　サトイモの　地下けいは、細長い　形を　して　いる。
ウ ハスや　サトイモの　地下けいは、まるい　形を　して　いる。
（　　）

(4) この　文章を　まとめた　つぎの　文の（　）に　あてはまる　ことばを　あとから　えらんで、それぞれ　記号で　答えましょう。（24点・一つ4点）

・植物は、（　　）で　つくった（　　）を、（　　）や　土の　中の（　　）に　たくわえる。それが　まるく　なったり、細長く　なった　ものを、（　　）が（　　）と　して　利用して　生きて　いる。

ア 人間　イ 食料　ウ よう分
エ 根　オ くき　カ 葉

チャレンジテスト⑤

時間 35分　合かく点 75点　とく点 点

〔　月　日〕

1 つぎの 文章《ぶんしょう》を 読《よ》んで、あとの といに 答《こた》えましょう。

①電球《でんきゅう》、まど、テレビ、かがみ……に 共通《きょうつう》して いるのは 何《なに》？ そう、みんな ガラスを つかって いるって こと。まわりを 見まわして ごらん。わたしたちは ずいぶん たくさん ガラスを つかってるよね。

ところが ②おどろいた ことに、ガラスは ほとんどが つかいすてに されて いるんだ。毎月《まいつき》、大きな 高《こう》そうビルが いっぱいに なるくらいの りょうの ビンが つかいすてに されて いる。そんなの ヘンだなって 思《おも》うだろう。だって、ゴミを ふやして、そのうえ 地《ち》球《きゅう》の 大切《たいせつ》な たからものまで むだづかいしてるんだもの。

でも 一度《いちど》 つかった ビンは、とかして 新《あたら》しい ビンに 作《つく》りかえ、何度《なんど》でも つかう ことが できる。すてて しまわないで もう 一度 つかう ことを、③リサイクル または さい利用《りよう》と いうんだ。大事《だいじ》な ことばだから おぼえて おこう。

〈知ってるかな〉

・ガラスは 工場《こうじょう》で リサイクルされる。まず、あつめて きた ビンを 細《こま》かく くだいて、④それを とかして 新しい ガラスに まぜる。

・人間《にんげん》が ガラスを 作るように なったのは、いまから 三〇〇〇年 以上《いじょう》も 前《まえ》の ことだ。だから ローマてい国《こく》の ＊こうていネロが ぜいたくな くらしを 楽《たの》しんで いた とき、きっと そばには 何《なに》か 飲《の》み物《もの》の 入った ビンが おいて あった はずだ。

・長《なが》い 間《あいだ》、ガラスは ⑤きちょうひんだった。ところが、その後《ご》、ガラスは かんたんに 作られるように なって、だんだん ゴミあつかい されるように なって いった。

（アース・ワークグループ「子どもたちが 地球を すくう 50の 方法《ほうほう》」へん）

＊こうていネロ…古代《こだい》ローマの　王。

(1)　――線《せん》①「電球、まど、テレビ、かがみ」に　共通して　いる　こととは　何《なん》ですか。（6点《てん》）

（　　　　）

(2)　――線②「おどろいた　ことに」と　ありますが、どんな　ことに　おどろいたのですか。記号《きごう》で　答えましょう。（6点）

ア　わたしたちは、ずいぶん　たくさん　ガラスを　つかって　いる　こと。

イ　ガラスの　ほとんどが　つかいすてに　されて　いる　こと。

ウ　毎月、大きな　高そうビルが　いっぱいに　なるくらいの　りょうの　ゴミが　出されて　いる　こと。

（　　）

(3)　――線③「リサイクル」とは、どう　する　ことですか。本文中から　十八字で　ぬき出しましょう。（、や　。も　一字と　します。）（20点）

(4)　――線④「それ」は　何を　さして　いますか。つぎの　〔　〕に　あてはまる　ことばを　本文中から　それぞれ　ぬき出して　書《か》きましょう。（14点・一つ7点）

〔㋐八字〕を　〔㋑二字〕　くだいた　もの。

㋐　　　　　を

㋑　　　　　くだいた　もの。

(5)　――線⑤「きちょうひん」と　はんたいの　いみで　つかわれて　いる　二字の　ことばを、本文中から、ぬき出しましょう。（12点）

2 つぎの　文章を　読んで、あとの　といに答えましょう。

きみの　うちで　ガラスビンを　リサイクルする　ために

・ビンを　あつめる　はこを　一はこか　二はこおける　場所《ばしょ》を　見つけよう。

・場所が　たっぷり　あるなら、はこを　いくつか　おいて　ビンを色《いろ》べつに　分《わ》けて　あつめるといい――茶色《ちゃいろ》、みどり、とう明《めい》というように。それが　できない　ときは、あつめた　あとで　ビンを　色べつに　分ければいい。

・ビンの　ふた、リング、コルクせんは　はずしてから　あつめる。ビンに　紙《かみ》の　ラベルがはって　あるのは　かまわない。でも、ビンはよく　あらってから　はこに　入れるようにしよう。

・いったん　ビンを　あつめる　場所さえ　きめて　しまえば　この　リサイクルを　つづけていくのに　ひつような　時間《じかん》は、一週間《しゅうかん》で　たったの　十五分《ふん》。

・一番《いちばん》　近《ちか》い　リサイクル・センターは　どこか、大人《おとな》に　聞《き》いて　みよう。もしかしたら、家《いえ》の近所《きんじょ》に　しげんゴミ回《かい》しゅう所《じょ》と　いって、リサイクルできる　ゴミを　あつめる　場所がきめられて　いるかも　しれない。

・一週間か　二週間に　一度《いちど》、あつまった　ビンの　入った　はこを　リサイクル・センターにもって　いこう。歩道《ほどう》に　ビンの　入った　はこを　出して　おいて、それを　回しゅうしてもらっても　いい。

・それと　大事《だいじ》な　ことは、空きビンを　見つけたら　かならず　うちに　もって　かえって、リサイクルに　活用《かつよう》する　ことだ。

（アース・ワークグループ　へん　「子どもたちが　地球を　すくう　50の　方法」）

(1)　――線「きみの　うちで　ガラスビンをリサイクルする　ために」、どう　しようと　書いて　いますか。〔㋐〕～〔㋘〕

に あてはまる ことばを 本文中から ぬき出して 書きましょう。（27点・一つ3点）

・（㋐二字）を（㋑四字）は こを お ける 場所を 見つけて、はこを いくつか おく。

・ビンを（㋒三字）に 分ける。

・ビンの（㋓二字）、リング、コルクせんは、（㋔四字）から あつめる。ビンは よく（㋕四字）から はこに 入れる。

・一週間か 二週間に 一度、あつまった ビンを（㋖十字）に もって いく。（㋗二字）に、ビンの 入った はこを 出して おいて、（㋘四字）して もらっても いい。

㋐

㋑

㋒

㋓

㋔

㋕

㋖

㋗

㋘

(2) 筆者《ひっしゃ》は、大事な ことと して、どんな ことを つけたして 書いて いますか。（15点）

（　　　　　　　　）

12 あらすじを　読《よ》みとる

学習内容とねらい

物語文の読解では、まずあらすじをつかむことが大切です。「いつ、どこで、だれが、何をした」というポイントを押さえながら読み進めていきます。

標準クラス

1 つぎの　文章《ぶんしょう》を　読《よ》んで、あとの　といに　答《こた》えましょう。

「帰《かえ》りました！」

大きな　声《こえ》で　言《い》っても　へんじが　ない。おかしいなと　思《おも》いながら、ふすまを　開《あ》けたら、①おばあちゃんが　せなかを　まるく　して　ねころんで　いた。

「どうしたんなら《どうしたの》。えらいんか《ぐあいがわるいの》。」

と　聞《き》いたら、

「牛《うし》が、角《つの》で　ついたんじゃ。」

と　小さい　声で　言った。

「へーえ、それは、どの　牛？」

「右がわから　二番目《ばんめ》の　牛じゃあ。」

と　教《おし》えて　くれた。


ぼくは、すぐ　牛の　まやへ　走《はし》って　いった。そして、こわいのを　がまんして、

「こんにゃろう、おばあちゃんを　ついて。」

と　さけびながら、二番目の　まやから　のぞいて　いる　牛を　なぐって　やった。ところが、よく　見ると、それは　子牛だった。

（しまった。角なんか　生えて　いないのに。）
②「まちごうて　ごめんな。引《ひ》っこみんさい。」
と　言ったら、かなしそうな　目で　ぼくを　見た。

(1) ——線《せん》①と　ありますが、おばあちゃんが　ねころんで　いたのは　なぜですか。

（　　　　　　　　）

(2) ——線②と　ありますが、「ぼく」が、子牛が　おばあちゃんを　ついたのでは　ないと　思ったのは　なぜですか。

（　　　　　　　　）

2 つぎの 文章を 読んで、あとの といに 答えましょう。

コツ……コツ、コツ、コツ……コツ、

ある あさ、おかあさんペンギンは、はっと しました。おとうさんペンギンの おなかの 下で、ちいさな ちいさな 音が して いるのです。

とうとう、たまごの なかの あかちゃんが、からを つっつきはじめたのです。

①おかあさんは、むねが、どきどきしました。かたほうの たまごに、コチンと ひとつ、われめが できて、かわいい くちばしが、のぞきました。

それから、ねずみいろの もじゃもじゃの あたまが、ひょっこり、そとへ かおを 出したと おもうと、この ぼうやは、くしゅんと、くしゃみを しました。

「たまごの そとは、さむいなあ。それでも ぼくは、出て いかなくちゃあ。」

ぼうやは、はねを ひろげました。それから、おなかの 下に ちぢめて いた、ちいさな 足を、もじもじさせました。

おかあさんは、くちばしで、ぼうやを 立たせて やろうと しました。すると、

「いいの。ぼく、ひとりで するよ。」と、ペンギンの ぼうやは いいました。

「なんて、げんきの いい、ぼうやだろう。」

②おとうさんペンギンは、にっこりしました。

（いぬい とみこ「ながい ながい ペンギンの 話《はなし》」）

---

(1) ——線①と ありますが、それは なぜですか。（　）に あてはまる ことばを 書きましょう。

もう すぐ（　　　　）と おもったから。

(2) われめが できて、たまごから のぞいた ものは 何《なん》ですか。

（　　　　）

(3) ——線②と ありますが、それは なぜですか。

（　　　　）

ハイクラス

時間	合かく点	とく点
20分	80点	点

（　月　日）

1 つぎの 文章《ぶんしょう》を 読《よ》んで、あとの といに 答《こた》えましょう。

①たいくつな 午後《ごご》です。よしえは、天じょうを見て いました。あんまり 長《なが》い 時間《じかん》 見ていたので、つかれて しまいました。

よしえが よこを むくと、となりの ベッドの おじさんと、おじさんの むこうの 四角《しかく》いまどが 見えました。

「おい、よしえ、ねちゃうなよ。」

おじさんが 言《い》いました。

おじさんも たいくつなのです。

よしえは 入院《にゅういん》して まだ 四日ですが、おじさんは、（㋐）二か月も 入院して います。

おじさんは、工事《こうじ》げん場《ば》の 足場から おちてけがを したのです。

入院するまでは、ぜんぜん 知《し》らない 人どうしだったのに、いっしょの へやに 四日も いると、なんだか（㋑）むかしから 知って

いる 人のように 思《おも》えて きます。

「おい、よしえ、今度《こんど》は その うさぎの 絵《え》をかいて、おじさんに くれよ。」

おじさんは、よしえの まくらもとで 天じょうを 見上げて いる うさぎの 人形《にんぎょう》を ゆびさして 言いました。

「ぼく、かけるかなあ。スカートを はいた うさぎなんて、かくの いやだなあ。」

よしえが 言うと、

「しかし、②おっちょこちょいな 人も いるもんだなあ。」

おじさんが わらいました。

「よしえって 名前《なまえ》 聞《き》いただけで、（㋒）女の子だと 思いこみ、おみまいに スカートをはいた うさぎの 人形を おくって くるなんてさ。」

その うさぎは、父《とう》さんの 友《とも》だちが おみまいに くれたのでした。

（㋓）よしえが 入院した ことを、よしえの 父さんから 聞いたのでしょう。そして、おみまいにと、赤い スカートと 赤い くつを はき、赤い リボンを 耳に つけた、かわいい うさぎの 人形を とどけて くれたのです。

（ふなざき やすこ「いい 春《はる》 つくろう」 平成元年度版教育出版「改訂小学国語四下」）

(1) ——線《せん》①と ありますが、よしえが たいくつして いるのは、どうしてですか。(18点《てん》)

（　　　　）

(2) おじさんが 入院して いるのは、どうしてですか。(18点)

（　　　　）

(3) おじさんが、父さんの 友だちを、——線②のように 言ったのは どうしてですか。記号《きごう》で 答えましょう。(12点)

ア よしえが 入院した ことを 知らなかったから。

イ よしえの ことを、女の子だと 思ったから。

ウ お父さんが 入院したと 思ったから。

（　　）

はってん

(4) （㋐）〜（㋓）に 入る ことばを つぎから えらんで、記号で 答えましょう。(24点・一つ6点)

ア てっきり　イ きっと

ウ もう　エ ずっと

㋐（　）　㋑（　）　㋒（　）　㋓（　）

(5) よしえが もらった うさぎの 人形とは、どんな 人形ですか。（　）に ことばを 書きましょう。(28点・一つ7点)

赤い（　　）と 赤い（　　）を はき、赤い（　　）を 耳に つけた（　　）うさぎの 人形。

13 人物《じんぶつ》の 気もちを 読《よ》みとる

学習内容とねらい

物語文では、登場人物の気持ちを読み取ることが読解の中心となります。せりふや様子などから、人物の気持ちを読み取っていきます。

〔　月　日〕

標準クラス

1 つぎの 文章《ぶんしょう》を 読《よ》んで、あとの といに 答《こた》えましょう。

「さて、そろそろ 出かけようか。だれか、いっしょに 行《い》って くれる 子どもでも いると いいんじゃが……。」

すると、まって いたように、一人《ひとり》の 男の子が 走《はし》り出て きました。

「ごんじい、いっしょに 行こう。」

「うんにゃ?」

ごんじいは、目を ぱちくりしました。だって、体《からだ》や 手や 足は 人間《にんげん》の 子どもなのに、顔《かお》だけ きつねの 男の子が、①「どうだい!」と いうように 立って いたからです。

(くふっ、うまく ばけられないいんじゃ。いいわい、だまされた ふりを して あげようかのう。)

そこで、ごんじいは 言《い》いました。

「ほい、②だれかと 思《おも》ったら、村の 子か。で、名前《なまえ》は 何《なん》と いうんじゃな?」

「こん! あっ、ちがった。ええと……、こうたじゃ。」

(こわせ・たまみ「きつねを つれて むらまつり」)

(1) ――線《せん》①と ありますが、この ときの きつねの 男の子の 気もちに 合《あ》う ものは どれですか。記号《きごう》で 答えましょう。

ア うまく 人間の 子どもに ばけたぞ。

イ きつねだと いう ことが、ばれるかも しれないな。心配《しんぱい》だな。

（　　）

(2) ――線②と ありますが、ごんじいが きつねの 男の子に、「村の 子」と 言ったのは、どのように 考《かんが》えたからですか。

（　　　　）

2 つぎの 文章を 読んで、あとの といに 答えましょう。

オオカミは、村へ つづく 山道《やまみち》を 下りて いった。ちょっくら 人間の がきを 食《く》いたく なったのだ。

①のっし、のっし、のっし。

風《かぜ》が あわてて 道を 開《あ》ける。イタチが 前へ とびだし、しっぽで 道を はく。山 一番《いちばん》 強《つよ》い オオカミには とうぜんの こと。

それでも…、さすがに 村へ つくと、②そろりそろりと しのびあしに なった。が、心《こころ》の 中は これ この とおり。よゆうしゃくしゃくだ。

「そろり、そろり、そろりで ござる。人間の 子どもは うまいで ござる。おさるの おしりは まっ赤《か》で ござる。今日《きょう》は なかなか よい 日で ござる。」（うちだ りんたろう「おれは オオカミだ」）

(1) ――線①のように 歩《ある》く オオカミの 気もちを つぎのように まとめました。（㋐）に 入る ことばを 本文中から 五字で ぬき出し、（㋑）は あとから えらんで、記号で 答えましょう。

（㋐）ので、（㋑） 気もち。

ア さびしい　**イ** つらい　**ウ** いばる

㋐ □□□□□

㋑（　　）

(2) ――線②に ついて 答えましょう。

① この ときの オオカミの 気もちを えらんで、記号で 答えましょう。

ア ふあん　**イ** 用心《ようじん》　**ウ** きたい

（　　）

② この 気もちと はんたいの 気もちを あらわす ことばを、本文中から 九字で ぬき出しましょう。

□□□□□□□□□

ハイクラス

時間	合かく点	とく点
20分	80点	点

（　月　日）

1 つぎの 文章《ぶんしょう》を 読《よ》んで、あとの といに 答《こた》えましょう。

二人《ふたり》は、さっそく、ごてんの 広間《ひろま》に、二台《だい》の はた*を すえつけました。そして、毎日《まいにち》 せっせと、はたを うごかしました。けれども、じつは、はたの 上には 何《なに》も なかったのです。

二、三日たつと、王さまは、

「もう、どのくらい おれたろうか。知《し》りたい ものじゃ。」と 考《かんが》えました。けれども、ばかものや やくに 立たない ものには 見えないと いう 話《はなし》を 思《おも》い出すと、①ちょっと 心配《しんぱい》でした。そこで、まず、人に 見させた ほうが いいと 考えて、②正直《しょうじき》ものと いわれて いる、年よりの 大じんを 見に やらせる ことに しました。

王さまから めいれいを うけた 大じんは、広間の 仕事場《しごとば》へ 見に 行《い》きました。

「どうぞ、かみさま、③見えますように。」

と いのりながら、思いきって 戸《と》を あけました。けれども、はたの 上には 何も 見えません。気のどくな ことに、④年よりの 大じんは、めがねを かけ直《なお》したり、目を こすったり しましたが、見えるはずが ありません。

（「はだかの 王さま」）

*はた…ぬのを おる きかい。

(1) ——線《せん》①「ちょっと 心配」と ありますが、王さまが 心配して いるのは なぜですか。つぎから えらんで、記号《きごう》で 答えましょう。（20点《てん》）

ア はたの 上に 何も なかったから。

イ どのくらい おれただろうかと 思ったから。

ウ 見えなかったら、ばかものや やくに 立たない ものと いう ことに なるから。

エ　自分《じぶん》は　やく立たずなので、見えないと　思ったから。
（　）

(2)　――線②と　ありますが、なぜ　このようにしたのですか。その　理由《りゆう》と　してふさわしくない　ものを　一つ　えらんで、記号で　答えましょう。（25点）

ア　大じんには、おりものが　見えるだろうと　思ったから。

イ　大じんなら、見えたか　見えなかったかを　正直に　言《い》うだろうと　思ったから。

ウ　年よりの　大じんは、やく立たずだから、おりものが　見えないだろうと　思ったから。

（　）

(3)　――線③と　ありますが、大じんが　このように　いのったのは　なぜですか。〔　〕に　入る　ことばを、本文中から　ぬき出しましょう。（30点・一つ15点）

もし　〔㋐三字〕ければ、自分が　〔㋑十四字〕と　いう　ことに　なって　しまうと　思ったから。

㋐

㋑

(4)　――線④と　ありますが、この　ときの　大じんの　気もちを　つぎから　えらんで、記号で　答えましょう。（25点）

ア　はたの　上の　ぬのの　うつくしさに、おどろく　気もち。

イ　ぬのを　はっきり　見たいのに、目の　調子《ちょうし》が　わるくて　あせる　気もち。

ウ　はたの　上に　何も　見えない　ことが、しんじられない　気もち。

エ　はたの　上に　何も　見えなければ、王さまに　おこられると　思い、おびえる　気もち。

（　）

14 場面《ばめん》や ようすを 読《よ》みとる

（　月　日）

学習内容とねらい

何をしている（何がおこっている）のか、場面（時間・場所・人物）の変化に注意しながら、人物の気持ちや様子や行動を読み取っていきます。

標準クラス

1 つぎの 文章《ぶんしょう》を 読《よ》んで、あとの といに 答《こた》えましょう。

*ガンの むれを 目がけて、白い 雲《くも》の あたりから、*ハヤブサが 一直線《いっちょくせん》に おそいかかって きた。

ガンの むれは、*残雪《ざんせつ》に みちびかれて、じつに すばやい 動作《どうさ》で、ハヤブサの 目を くらませながら とびさって いく。

「あ！」

①一羽《いちわ》 とびおくれたのが いる。

大造《だいぞう》じいさんの *おとりの ガンだ。長《なが》い 間《あいだ》 かいならされて いたので、野鳥《やちょう》としての 本《ほん》のうが、にぶって いたのだ。

ハヤブサは、その 一羽を 見のがさなかった。

じいさんは、ピュ、ピュ、ピュと 口ぶえを ふいた。

こんな いのちがけの 場合《ばあい》でも、かいぬしの よび声《ごえ》を 聞《き》き分《わ》けたと みえて、ガンは、②こっちに 方向《ほうこう》を かえた。

ハヤブサは、その 道《みち》を さえぎって、パーンと 一つ けった。

ぱっと、白い 羽毛《うもう》が、夜明《よあ》けの 空に 光《ひか》って ちった。ガンの 体《からだ》は ななめに かたむいた。

もう ひとけりと、ハヤブサが こうげきの しせいを とった。

その 時《とき》だ。さっと、大きな かげが 空を 横切《よこぎ》った。

*残雪だ。

大造じいさんは、ぐっと じゅうを かたに 当《あ》てて、残雪を ねらった。が、なんと 思《おも》ったか、ふたたび じゅうを おろして しまった。

③残雪の　目には、人間《にんげん》も　ハヤブサも　なかった。ただ、すくわねば　ならぬ　なかまの　すがたが　あるだけだった。

（むく　はとじゅう「大造じいさんと　ガン」）

＊ガン・ハヤブサ…鳥《とり》の　しゅるい。ハヤブサの　ほうが、ガンよりも　体が　大きい。

＊残雪…ガンの　むれの　リーダー。

＊おとり…ほかの　ものを　さそいよせる　ために　利用《りよう》する　もの。

(1)　ガンの　むれを　目がけて、一直線に　おそいかかって　きたのは　何《なん》ですか。

（　　　　）

(2)　――線①「一羽　とびおくれたのが　いる」と　ありますが、「一羽」とは　何《なに》を　さして　いますか。本文中から　十三字で　ぬき出して　書《か》きましょう。

(3)　――線②「こっちに　方向を　かえた」と　ありますが、ガンは　どっちに　方向を　かえたのですか。記号《きごう》で　答えましょう。

ア　ハヤブサの　いる　方向。

イ　残雪の　いる　方向。

ウ　大造じいさんの　いる　方向。

（　　　　）

(4)　――線③「残雪の　目」と　ありますが、その　目には、何が　うつって　いるのですか。本文中から　十五字で　ぬき出して　書きましょう。

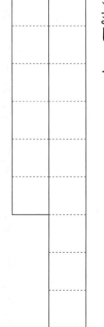

ハイクラス

（　月　日）

時間	合かく点	とく点
20分	80点	点

1 つぎの 文章《ぶんしょう》を 読《よ》んで、あとの といに 答《こた》えましょう。

いよいよ、これから、花火を うち上げる ことに なりました。しかし、こまった ことが できました。と もうしますのは、みんな 花火を 見る ことは すきでしたが、火を つけに 行《い》く ことは、すきで なかったので ありました。これでは、花火は 上がりません。そこで、くじを 引《ひ》いて、火を つけに 行く ものを きめる ことに なりました。だい一に 当《あ》たった ものは、かめで ありました。かめは、元気《げんき》を 出して、花火の 方《ほう》へ 行きました。だが、うまく 火を つける ことが できたでしょうか。いえ、いえ、かめは、花火の そばまで くると 首《くび》が ひとりでに 引っこんで しまって、出て こなかったので ありました。

（にいみ なんきち「赤い ろうそく」）

(1) 何《なに》を しようと して いる ところですか。（15点《てん》）

（　　　　）

(2) ――線《せん》「こまった こと」とは、どんな ことですか。（15点）

（　　　　）

(3) 火を つけに 行く ものを、どのように して きめましたか。（15点）

（　　　　）

(4) かめは、どう なったから 火を つける ことが できなかったのですか。（15点）

（　　　　）

2 つぎの 文章を 読んで、あとの といに 答えましょう。

「ぼくの 家《いえ》、あそこや」

とつぜん、少年《しょうねん》は、とさぼり川《がわ》の かなたを ゆびさしたが、雨に かすんだ ふうけいの おくには、小さな はしの らんかんが ぼんやり ＊きつ立《りつ》して いるだけだった。

「どこ？ よう 見えへんわ」

少年は 市電《しでん》の レールを 横切《よこぎ》ると、はたてくらばしの まん中まで 走《はし》って いった。のぶおも あとを おった。

「あそこや。あの はしの 下の、……ほれ、あの ふねや」

目を こらすと、みなとばしの 下に、たしかに 一そうの ふねが つながれて いる。だが のぶおの 目には、それは はしげたに からみついた ＊おぶつのようにも うつった。

「あの ふねや」

「……ふうん、ふねに すんでんのん？」

「そや、もっと ＊上に おったんやけど、きのう あそこに ひっこして きたんや」


（みやもと てる「泥《どろ》の 河《かわ》」）

＊きつ立…高《たか》く そびえ立つ こと。
＊おぶつ…きたない もの。
＊上…川の 上流《じょうりゅう》。川上。

はってん
(1) ——線「少年」は どこに すんで いますか。つぎの 〔　〕に あてはまる ことばを それぞれ 本文中から ぬき出して 書《か》きましょう。（30点・一つ15点）

〔㋐五字〕の 下に ある、一そうの 〔㋑二字〕に すんで いる。

㋐ □□□□□

㋑ □□

(2) のぶおの 目には、少年の 家が どのように うつったのですか。記号で 答えましょう。（10点）

ア うつくしい もの
イ きたない もの
ウ 大きな もの

（　　）

チャレンジテスト⑥

〔　月　日〕

時間	合かく点	とく点
35分	75点	点

1 つぎの 文章《ぶんしょう》を 読《よ》んで、あとの といに 答《こた》えましょう。

いつも、インドを 通《とお》って ＊しなへ やって くる じいさんの 船《ふね》は、＊上海《シャンハイ》で 用《よう》を すますと、そこから こきょうの フランスの ほうへ かえって いって しまうのです。

①「日本へ 行《い》って みたいな。そしたら、②もう 船《ふな》のりを やめても いい。」

じいさんは 長《なが》い 間《あいだ》、海《うみ》の むこうに ある さくらの さく 小さな 島国《しまぐに》を、絵《え》のように うつくしく 目に うかべながら、心《こころ》に つぶやくのでした。

この じいさんが、ある 日 船長《せんちょう》から、こんどの こう海《かい》には 日本まで 行く ことに なった、と 聞《き》かされた ときの よろこびようったら ありませんでした。

「セルゲイ、おじいさんはね、日本へ 行くんだよ、日本へ。おまえには、何《なに》を おみやげに 買《か》って きて やろうかね。」

じいさんは、その ばん 家《いえ》へ かえると、まごの セルゲイを つかまえて、③よっぱらいのように いくども いくども 言《い》うのでした。

「ぼく、大《たい》しょうの 着《き》た 赤い よろいが ほしいなあ、かぶとに りゅうの とまった。」

セルゲイは 言いました。いつか 絵本で、日本の 大しょうが ＊前立《まえた》ての ついた かぶとと ＊ひおどしの よろいを 着て、せんそうに 行く いさましい すがたを 見た ことが あったからです。

「よし、よし。」

じいさんは にこにこして 言いました。

ミルじいさんは、船が 長い なみの 上の たびを つづけて いる 間も、毎日《まいにち》のように うけもちの かんぱんの そうじを しながら 日本の みなとへ ついた ときの ことを 考《かんが》えて、［　　］。

（つかはら けんじろう「海から きた 卵《たまご》」）

＊しな…中国《ちゅうごく》の むかしの よび名。
＊上海…中国の 都市《とし》。
＊前立て…かぶとの 前面《ぜんめん》に 立てる しるし。
＊ひおどし…よろいの 小さな かわの いたを、糸や かわひもで つづり合《あ》わせた ものの 中で、赤色《あかいろ》の ものを さす。

(1) ――線《せん》①「日本」の ことを あらわして いる ことばを、本文中から 十九字で ぬき出して 書《か》きましょう。（12点《てん》）

(2) ――線②と ありますが、それは なぜですか。つぎから えらんで、記号《きごう》で 答えましょう。（7点）

ア 日本に その まま すむつもりだから。
イ ねがいが かなったら、思《おも》いのこす ことが ないから。
ウ 長い 間 船のりを して きて つかれたから。

（　　）

(3) ――線③と ありますが、この ときの ミルじいさんの 気もちを つぎから えらんで、記号で 答えましょう。（7点）

ア とても おどろいて いる 気もち。
イ よっぱらいの ふりを して、まごを よろこばせようと いう 気もち。
ウ 何度《なんど》も 同《おな》じ ことを 言いたく なるほど、うれしい 気もち。

（　　）

(4) ［　　］に 入る ことばを つぎから えらんで、記号で 答えましょう。（7点）

ア むねを わくわくさせて いました
イ ふあんに なるので ありました
ウ 首《くび》を かしげて いました

（　　）

2 つぎの 文章を 読んで、あとの といに 答えましょう。

いちばん うしろの せきの ひさしは、六題《だい》ある 計算《けいさん》を 三つ した ところで、そうか、きょうは カレーライスかと、えんぴつを とめた。体《からだ》の 大きい ひさしは、よく 食《た》べる。カレーライスは とりわけ すきだ。（ ㋐ ）こまった ことに、だれだって カレーライスが すきなのだ。みんなが カレーライスを きらいなら よかった。そう すれば 三ばいでも 四はいでも おかわりが できるのに。そんな ことを 考《かんが》えると、もうれつに おなかが すいて きた。その ときだ、グウウウと、おなかの 鳴《な》る 音が したのは。

①みんなが いっせいに ひさしを 見た。いや、ひさしだって 自分《じぶん》の おなかが 鳴ったと 思《おも》った。なにしろ 考えて いた ことが 考えて いた ことだし、おなかも すいて いた。けれど、いまのは ひさしでは なかった。いくら なんでも、自分の おなかが 鳴ったのか、そうで ないのかくらいは わかる。

「おれじゃ ないぜ。」

ひさしは みんなの 顔《かお》を 見かえして いった。けれど、いった とたんに みんなは わらった。ひさしが たくさん 食べる こと、しょっちゅう おなかを すかせて いる ことは、三年二組《くみ》では 有名《ゆうめい》だったのだ。

「（ ㋑ ）の こと、考えてたんだろ。」

あつしが にやにや わらいを うかべて いった。

「体が でかいと、はらの （ ㋒ ）も でかい 声《こえ》で 鳴くなあ。」

よしまさが つづけた。

「おい、ちょっと まって くれよ。たしかに おれは カレーライスの ことを 考えてたよ。でも、ぜったいに、いまの、おれじゃ ない。」

ひっしで いうのが、いいわけを して いる みたいに きこえたらしく、みんなは、②また わらう。

「あの、ほんとに おれじゃ ないんだけど。」

それで、また　わらった。もう　いいよ、と
③ひさしは　口を　とがらせた。みんなは　まだ
わらいながら　まえに　むきなおり、計算問題《もんだい》に
とりかかった。
（おかだ　じゅん「ふしぎの　時間割《じかんわり》」）

(1)（㋐）に　入る　ことばを　つぎから　えらんで、記号《きごう》で　答えましょう。（7点）

ア　または　イ　だから
ウ　ところが

（　　　）

(2)（㋑）に　入る　ことばを、本文中から　ぬき出しましょう。（7点）

（　　　）

(3)（㋒）に　入る　ことばを　つぎから　えらんで、記号で　答えましょう。（7点）

ア　音　イ　虫　ウ　中

（　　　）

(4) ——線《せん》①「みんなが　いっせいに　ひさしを　見た」と　ありますが、それは　なぜですか。（　）に　入る　ことばを、本文中から　ぬき出して　書《か》きましょう。（24点・一つ6点）

ひさしが（　　　）ことや、
しょっちゅう（　　　）
ことは、三年二組では（　　　）
だったので、みんなは、ひさしの
（　　　）と　思ったから。

(5) ——線②「また　わらう」と　ありますが、みんなは、なぜ　また　わらったのですか。（10点）

（　　　）

(6) ——線③「ひさしは　口を　とがらせた」と　ありますが、それは　なぜですか。（12点）

（　　　）

チャレンジテスト⑦

（　月　日）

時間	合かく点	とく点
35分	75点	点

1 つぎの 文章《ぶんしょう》を 読《よ》んで、あとの といに 答《こた》えましょう。

七月三十一日。かい晴《せい》。いよいよ 明日《あす》が 遠《えん》泳《えい》に なって しまった。

①太《ふとし》も ヤッチンも、きんちょうして いた。太は 海《うみ》の そこの ＊まものに ひきずりこまれる ゆめを 見たり した。

「赤はたまで 行《い》って もどって くる。それで 今日《きょう》は おしまいじゃ。」

米田《よねだ》ろう人《じん》は はまに 立って それだけ ②いった。

ふたりは うなずいた。もし 赤はたまで 行って もどって こられなかったら、明日の 遠泳は やめようと 思《おも》った。自分《じぶん》の ＊しみったれが いやで 遠泳に 出ようと 思ったのだが、それほど ③あまっちょろい(あまい) ものでは ない ことが 少《すこ》しだけ わかって きた。

米田ろう人は その 日、はじめて かしボートに のった。きゅうじょ用《よう》の うきぶくろも つんで いた。＊ステテコすがたに 麦《むぎ》わらぼうしは いっしょだったが、サングラスを 今日は かけて いた。

「第《だい》二ブイ＊ あたりで まって おるから、泳《およ》いで きなされ。いいか。第一ブイから きちんと 泳いで きなされ。本番《ほんばん》の つもりでな。」

と いいのこして ボートに のりこんだ。

「太兄《にい》ちゃん がんばってね。」

いつもと ちがう ふんい気に 気づいたのか、なみうちぎわで 健二《けんじ》が はげまして くれた。

「赤はたまで 行ければ、帰《かえ》りは なみに のりゃあ ええ。」

と、ヤッチンの じいちゃんが ④白い はを 見せた。

うん、と ヤッチンは うなずいた。

（よこやま みつお「少年《しょうねん》の 海」）

＊まもの…ばけもの。
＊しみったれ…ここでは　いくじなしと　いう　いみ。
＊ステテコ…男せいが　着用《ちゃくよう》する、ひざの　あたりまで　ある　ゆったりと　した　下着《したぎ》。
＊ブイ…目じるしの　ために、海に　うかべて　ある　うき。

(1)　――線《せん》①「太も　ヤッチンも、きんちょうして　いた」と　ありますが、それは　なぜですか。つぎから　えらんで、記号《きごう》で　答えましょう。（5点《てん》）

ア　米田ろう人に　よび出されて、何《なに》を　させられるか　わからなかったから。
イ　海の　まものに　ひきずりこまれる　ゆめを　見たから。
ウ　遠泳の　本番を　明日に　ひかえた、さいごの　れんしゅうだったから。

（　　）

(2)　――線②「いった」の　主語《しゅご》を、本文中から　ぬき出して　書《か》きましょう。（5点）

（　　）

(3)　――線③「あまっちょろい（あまい）も　のでは　ない」と　ありますが、それは　どう　いう　ことですか。つぎから　えらんで、記号で　答えましょう。（8点）

ア　遠泳は、かんたんな　ものだと　いう　こと。
イ　遠泳は、かんたんな　ものでは　ないと　いうこと。
ウ　遠泳は、自分には　むいて　いないと　いうこと。

（　　）

(4)　――線④「白い　はを　見せた」と　ありますが、これは　どのような　ひょうじょうですか。つぎから　えらんで、記号で　答えましょう。（8点）

ア　まじめな　ひょうじょう。
イ　わらった　ひょうじょう。
ウ　おこった　ひょうじょう。

（　　）

2 つぎの　文章を　読んで、あとの　といに答えましょう。

みんなが　しんぱいで　たまらなく　なったころ、スーホが、何か　白い　ものを　だきかかえて、帰《かえ》って　きました。

みんなが　そばに　かけよって　みると、それは、生まれたばかりの、小さな　白い　馬《うま》でした。

スーホは、にこにこしながら、みんなに　わけを　話《はな》しました。

「帰る　とちゅうで、子馬を　見つけたんだ。これが、じめんに　たおれて、もがいて　いたんだよ。あたりを　見ても、もちぬしらしい　人も　いないし、おかあさん馬も　見えない。ほうって　おいたら、夜《よる》に　なって、おおかみに　食《く》われて　しまうかもしれない。それで、つれて　きたんだよ。」

日は、一日　一日と　すぎて　いきました。スーホが、心《こころ》を　こめて　せわした　おかげで、子馬は、すくすくと　そだちました。体《からだ》は　雪《ゆき》のように　白く、きりっと　引《ひ》きしまって、だれでも、思《おも》わず　見とれるほどでした。

ある　ばんの　こと、ねむって　いた　スーホは、はっと　目を　さましました。けたたましい　馬の　鳴《な》き声《ごえ》と、ひつじの　さわぎが　聞《き》こえます。スーホは、はねおきると　外《そと》に　とび出し、ひつじの　かこいの　そばに　かけつけました。見ると　大きな　おおかみが、ひつじに　とびかかろうと　して　います。そして、わかい　白馬が、おおかみの　前《まえ》に　立ちふさがって、ひっしに　ふせいで　いました。

スーホは、おおかみを　おいはらって、白馬の　そばに　かけよりました。白馬は、体じゅう　あせびっしょりでした。きっと　ずいぶん　長《なが》い　間《あいだ》、おおかみと　たたかって　いたのでしょう。

（おおつか　ゆうぞう「スーホの　白い　馬」〈福音館書店《ふくいんかんしょてん》　刊《かん》〉）

(1)　スーホが　だきかかえて　いた　白い　ものとは、何《なん》でしたか。（8点）

（　　　　　　　）

(2) スーホは、なぜ　帰る　とちゅうで、見つけた　子馬を　つれて　きたのですか。その　理由《りゆう》を　じゅんに、三つ　書きましょう。（18点・一つ6点）

（　　　　）

（　　　　）

（　　　　）

(3) スーホが、心を　こめて　せわした　おかげで、子馬は　どんな　馬に　そだったのですか。（　）に　あてはまる　ことばを、本文中から　ぬき出して　書きましょう。（15点・一つ5点）

体は、（　　　　）白く、（　　　　）引きしまって、だれでも、思わず（　　　　）ほどの　馬。

(4) ある　ばん、スーホが　はっと　目を　さましたのは　なぜですか。（8点）

（　　　　）

(5) わかい　白馬は、何が、どう　する　ことを　ふせいで　いたのですか。（　）に　ことばを　書きましょう。（10点・一つ5点）

・何が…（　　　　）が

・どう　する　こと…（　　　　）を　ふせいで　いた。

(6) 白馬が、体じゅう　あせびっしょりだった　ことから、どんな　ことが　わかりますか。（15点）

（　　　　）

15 長《なが》い 文章《ぶんしょう》を 読《よ》む

〔　月　日〕

学習内容とねらい

長めの文章を読み、どのあたりに、何が書かれてあったのかを覚えていくことで、答えを素早く探し出す力が伸びていきます。

標準クラス

1 つぎの 文章《ぶんしょう》を 読《よ》んで、あとの といに 答《こた》えましょう。

九月の 新学期《しんがっき》の さいしょの 日、三年三組《くみ》の 教室《きょうしつ》は にぎやかでした。子どもたちは みな、しゅくだいを 見せあったり、旅行《りょこう》の おみやげを こっそり こうかんしたり、日やけした はだの 色《いろ》を くらべっこしたり……、どこか まだ、夏休《なつやす》みの なごりの わくわくと した 空気に つつまれて います。

チャイムが なって、教室の まえの ドアが ひらき、先生が すがたを あらわして、やっと 教室は しずかに なりました。

「きりつ！」 学級委員《がっきゅういいん》の かけ声《ごえ》に いっせいに 立ちあがった 子どもたちは、「れいい！」 教だんの わきで、その 子も かすかに 頭《あたま》を さげます。

教室は また、ザワザワと にぎやかに なりました。

「転校生《てんこうせい》かな？」「きっと、そうだよ。」 あちこちで、ささやきかわす 声が します。そんな さわぎの なか、女の子は ぴんと 頭を 立て、にこりとも せずに、教室の うしろの かべを にらんで いるようでした。

「きょうは、出せきを とる まえに、みなさんに あたらしい お友《とも》だちを しょうかいします。」

先生が にこにこしながら そう いうと、クラスの 子どもらは、やっぱりね、と いうように、目くばせを しあいました。

女の子は、あいかわらず まじめくさった 顔《かお》を して、じっと 教だんの よこに 立って います。

先生が　しょうかいを　おえ、その　子の　なまえを　黒板《こくばん》に　かきました。じぶんの　なまえの　まえで、あいさつする　ときに　なっても、女の子は　ついに　えがおを　見せませんでした。まるで、□は　そんだとでも　思《おも》って　いるようなのです。

「さ、では、いちばん　うしろの　ろうかがわのせきに、きょうは　おすわりなさいね。」と、先生が　いいました。

「はい。」と　こたえて、その子は、つくえと　つくえの　あいだの　通路《つうろ》を　すたすた　あるきはじめました。

★まえから　五ばんめの　えつ子《こ》の　せきのよこを　とおりすぎる　とき、その　子は　小さく　まるめた　白い　紙《かみ》を、ぽとりと　えつ子のつくえの　上に　おとしました。えつ子が、その紙を　すばやく　てのひらで　おおいかくしたので、その　ことには　だれも　気づきませんでした。えつ子は、手の　なかの　紙を　つくえの下で　こっそり　ひらくと、こみあげて　くるわらいを　のみこみました。そして、その　ひみつの　手紙を、そっと　ポケットに　おしこんだのでした。☆

（とみやす　ようこ「レンゲ畑《ばたけ》の　まんなかで」〈あかね書房《しょぼう》刊《かん》〉）

(1) □に　あてはまる　ことばを　つぎから　えらんで、記号《きごう》で　答えましょう。

ア　しゃべって　　イ　わらって

ウ　おこって

（　　）

(2) ★〜☆の　部分《ぶぶん》から、どんな　ことがわかりますか。つぎから　えらんで、記号で　答えましょう。

ア　えつ子と　転校生は、この　日　はじめて　会《あ》った。

イ　えつ子と　転校生の　せきは、となりどうしで　ある。

ウ　えつ子と　転校生は、もともと　知《し》り合《あ》いで　ある。

（　　）

ハイクラス

時間	合かく点	とく点
20分	80点	点

〔 月 日〕

1 つぎの 文章《ぶんしょう》を 読《よ》んで、あとの といに 答《こた》えましょう。

ある 晴《は》れた しずかな 春《はる》の 日の 午後《ごご》でした。一人《ひとり》の 小むすめが 山で かれえだを ひろって いました。

やがて、夕日が 新緑《しんりょく》の うすい 木《こ》の葉《は》を すかして 赤々《あかあか》と 見られる ころに なると、小むすめは あつめた 小えだを 小さい 草原《そうげん》に もち出して、そこで 自分《じぶん》の せおって 来《き》た あらい 目かごに つめはじめました。

ふと、小むすめは だれかに 自分が よばれたような 気が しました。

「ええ？」

小むすめは 思《おも》わず そう 言《い》って、立って その へんを 見回《みまわ》しましたが、そこには だれの すがたも 見えませんでした。

「わたしを よぶのは だれ？」

小むすめは もう 一度《いちど》 大きい 声《こえ》で そう 言って みましたが、やはり 答える ものは ありませんでした。

小むすめは 二、三度 そんな 気が して、はじめて 気が つくと、それは ざっ草の 中から ただ ひともと（一本）、わずかに 首《くび》を さし出して いる 小さい 菜《な》の花でした。

小むすめは 頭《あたま》に かぶって いた 手ぬぐいで、顔《かお》の あせを ふきながら、

「おまえ、こんな ところで、よく さびしく ないのね。」

と 言いました。

「さびしいわ。」

と、菜の花は 親《した》しげに 答えました。

「そんなら なぜ 来たのさ。」

小むすめは しかりでも するような 調子《ちょうし》で 言いました。菜の花は、

「ひばりの むな毛《げ》に ついて 来た たねが ここで こぼれたのよ。こまるわ。」

と　かなしげに　答えました。そして、どうか
わたくしを　おなかまの　多《おお》い　ふもとの　村へ
つれて　行《い》って　くださいと　たのみました。
小むすめは　かわいそうに　思いました。小むすめは　菜の花の　ねがいを　かなえて　やろうと　考《かんが》えました。そして、しずかに　それを　ねから　ぬいて　やりました。そして、それを　手に　もって、山路《やまじ》を　村の　方《ほう》へと　下って　行きました。
道《みち》に　そうて　清《きよ》い　小さな　ながれが、水音を　たてて　ながれて　いました。しばらく　すると、
「あなたの　手は　ずいぶん　ほてるのね。」
と、菜の花は　言いました。
「あつい　手で　もたれると、首が　だるく　なって　しかたがないわ、まっすぐに　して　いられなくなるわ。」
と　言って、うなだれた　首を　小むすめの　歩《ほ》調《ちょう》に　合《あ》わせ、力なく　ふって　いました。
小むすめは、ちょっと　*とうわくしました。

しかし、小むすめには　*はからず、いい　考えが　うかびました。小むすめは　みがるく　道ばたに　しゃがんで、だまって　菜の花の　ねを　ながれへ　ひたして　やりました。

「まあ！」

菜の花は　生きかえったような　元気《げんき》な　声を　出して　小むすめを　見上げました。すると、小むすめは　せんこくするように、

「この　まま　ながれて　行くのよ。」

と　言いました。　（しが　なおや「菜の花と　小むすめ」）


*とうわく…どう　したら　いいか、まよう　こと。

*はからず…思いがけず。

(1)　菜の花は、小むすめに、どんな　ことを　たのみましたか。（50点《てん》）

（　　　　）

はってん
(2)　――線とは、どのような　考えですか。（50点）

（　　　　）

16 しを 読《よ》む

〔　月　日〕

学習内容とねらい
短い言葉で、どのような情景を詩にしているのか、作者が何に注目し、何を伝えようとして詩を書いたのかを読み取っていきます。

標準クラス

1 つぎの しを 読《よ》んで、あとの といに 答《こた》えましょう。

いっちゃん いちにち　　高木《たかぎ》 あきこ

いっちゃん　いちにち
にこにこと
さんじゅうさんこの　あめなめて
しくしく　むしばが　いたくなり
ごはんに　なっても
ろくすっぽ
しちゅーも　なんにも　たべられず
□に　さされた　ときよりも
くるしい　いたいと　なくばかり
じゅうにんの　はいしゃさんが　とんできて
じゅうにんの　はいしゃさんに　しかられた　ハイ

(1) この しは、どのような 「ことばあそび」に なって いますか。つぎから えらんで、記号《きごう》で 答えましょう。

ア 行《ぎょう》の はじめの 文字《もじ》を 右から 左へ 読むと、人の 名前《なまえ》に なって いる。

イ 行の はじめの 文字が、一から 十までの 数《かず》に なって いる。

ウ 行の はじめの 文字を、右から 読んでも、左から 読んでも、同《おな》じ ことばに なる。

（　　）

(2) □に 入る ことばを つぎから えらんで、記号で 答えましょう。

ア はち　**イ** か　**ウ** あり

（　　）

2 つぎの しを 読んで、あとの といに 答えましょう。

夕日が せなかを おして くる

さかた ひろお

夕日が せなかを おして くる
まっかな うでで おして くる
歩《ある》く ぼくらの うしろから
でっかい 声《こえ》で よびかける
さよなら さよなら
さよなら きみたち
①ばんごはんが まってるぞ
あしたの 朝《あさ》 ねすごすな

夕日が せなかを おして くる
そんなに おすな あわてるな
ぐるり ふりむき 太陽《たいよう》に
ぼくらも 負《ま》けず どなるんだ
さよなら さよなら
さよなら 太陽
②ばんごはんが まってるぞ
あしたの 朝 ねすごすな

(1) ――線《せん》とは、どう いう ようすを あらわして いますか。つぎから えらんで、記号で 答えましょう。

ア しっかり 勉強《べんきょう》しなさいと、夕日が 子どもたちを はげまして いる ようす。

イ 早く 家《いえ》に 帰《かえ》りなさいと、夕日が 子どもたちを いそがせる ようす。

ウ もっと あそぼうよと、夕日が 子どもたちを さそって いる ようす。

（　　）

(2) ――線①・②は、それぞれ だれが、だれに 言《い》って いるのですか。合《あ》う ものを ――で むすびましょう。

①・　　・**ア**「ぼくら」が、太陽に。

　　　　・**イ** 月が、太陽に。

②・　　・**ウ** 太陽が、「ぼくら」に。

ハイクラス

時間 20分　合かく点 80点　とく点 点　〔 月 日〕

1 つぎの しを 読《よ》んで、あとの といに 答《こた》えましょう。

はし

はしは がんばる
けんめいに がんばる
川の りょうぎしに
足を しっかり ふんばって

はしは こらえる
じっと こらえる
ぼくの ブリッジ 七秒《びょう》
でも はしは
ずっと つづけて いる

はしは つかれる
とても つかれる
でも 休まない
あんぜんに 人を わたらせる

はしは いばる
とても いばる
はじに かざりを つけて
よこづなみたいに いばってる

(1) はしが「がんばる」のは、何《なん》の ためですか。（ ）に 入る ことばを、しの 中から ぬき出しましょう。(20点《てん》・一つ10点)

（　　　）に 人を （　　　） ため。

(2) ――線《せん》「ぼくの ブリッジ 七秒」とは、何《なに》を あらわす ために 書《か》かれた ものですか。つぎから えらんで、記号《きごう》で 答えましょう。(15点)

ア ぼくの 強《つよ》さ　イ はしの 強さ

ウ　はしの　弱《よわ》さ　（　　）

(3)　いばって　いる　はしを、何に　たとえて　いますか。(15点)

（　　）

(4)　この　しを　声《こえ》に　出して　読む　とき、どのように　読むと　よいですか。記号で　答えましょう。(15点)

ア　小さな　声で、早口で　読む。

イ　大きな　声で、力強く　読む。

ウ　ひとり言《ごと》を　言《い》うように、しずかに　読む。

（　　）

2　つぎの　しを　読んで、あとの　といに　答えましょう。

ささぶね

ささぶねを　作《つく》った。
それに、
シロツメクサの　花を　のせて
水に　うかばせた。
くるくると　まわりながら
ながれて　いく　ささぶね。
花が、
白い　すじを　のこして
行《い》って　しまった。

(1)　ささぶねが　ながれて　いく　ようすを、どのように　書いて　いますか。(20点)

（　　）ながれて　いく

(2)　——線「花」とは、何の　花ですか。つぎから　えらんで、記号で　答えましょう。(15点)

ア　川の　そばに　さいて　いる　花。

イ　川の　水めんに　ちった　花。

ウ　ささぶねに　のせた　シロツメクサの　花。

（　　）

17 日記《にっき》・作文《さくぶん》を 読《よ》む

学習内容とねらい

何について、日記や作文を書いているのか、また、それらのことについて、どう感じたのかを丁寧に読み取っていきます。

〔　月　日〕

標準クラス

1 つぎの 日記《にっき》を 読《よ》んで、あとの といに 答《こた》えましょう。

六月七日 (日曜日《にちようび》) 晴《は》れ

今日《きょう》は、いい 天気だったので、お母《かあ》さんと
せんたくを しました。ぼくは、せんたくものを
ベランダまで はこぶ おてつだいを しました。
あらった せんたくものは、とても いい にお
いが しました。その あと、ふとんも ベラン
ダに はこんで ほしました。夕方《ゆうがた》には せんた
くものは かわいて いました。ふとんも ふっ
くらして いました。ぼくは、おてつだいを し
て よかったなと 思《おも》いました。

(1) 「今日」とは、何月何日《なんがつなんにち》ですか。

（　　　　）

(2) だれと、何《なに》を したのですか。

だれと…（　　　）と

何を した…（　　　）を した。

(3) 自分《じぶん》の 気もちを どのように 書《か》いて いますか。一文を ぬき出しましょう。

（　　　　）

2 つぎの 作文《さくぶん》を 読んで、あとの といに 答えましょう。

「①体《たい》いくの 時間《じかん》だ。いやだなあ。」

ぼくは、体そうふくに きがえるのが おっくうだった。おなかが いたいと 言《い》って 休もうかな、と 考《かんが》えて いたら、はん長《ちょう》の 寺村君《てらむらくん》が、

大きな　声《こえ》で、

「たけし、早く　行《い》こうぜ。」

と　言った。②ぼくは、びくっと　して、大いそぎで　体そうふくに　きがえた。

　ぼくは、体いくの　時間が　いちばん　すきだったけれど、さか上がりに　なってから、いちばん　きらいに　なった。運動場《うんどうじょう》に　行くのが、とても　こわかった。

　いよいよ　はじまった。きんちょうして、口がかわいて、なんだか　体《からだ》も　ふるえた。

「たけし君、どうしたの、顔《かお》が　青いけど。」

と、山川さんに　たずねられたので、

「ううん。」

と　言ったら、なみだが　出て　きそうに　なった。

　さいしょに、上手《じょうず》な　川野《かわの》君が、お手本で　やった。見て　いると、③かんたんに　くるくるっと　回《まわ》って　しまう。

(1) ――線《せん》①と　ありますが、なぜ、いやなのですか。

(2) ――線②と　ありますが、なぜ　びくっと　したのですか。つぎから　えらんで、記号《きごう》で　答えましょう。

ア　ずる休みを　しようかと　考えて　いる　ときに、声を　かけられたから。
イ　体いくの　時間が　いやな　ことを、知《し》られて　しまったと　思ったから。
ウ　とつぜん、大きな　声で　ちゅういされたから。

（　　）

(3) ――線③と　ありますが、この　ときの　ぼくの　気もちと　して　ふさわしい　ものを　つぎから　えらんで、記号で　答えましょう。

ア　ふまん　　イ　安心《あんしん》
ウ　あこがれ

（　　）

ハイクラス

時間 20分　合かく点 80点　とく点 点

（　月　日）

1 つぎの 日記《にっき》を 読《よ》んで、あとの といに 答《こた》えましょう。

六月二十七日（水曜日《すいようび》）雨
今日《きょう》、昼《ひる》ごろから、雨が ふって きました。かさを もって こなかったので、こまったな、と 思《おも》いました。
友《とも》だちと さようならを して、くつばこの ところに 行《い》ったら、赤い 長《なが》ぐつと、ピンクの かさが ありました。あれっと 思いました。よく 見ると、わたしの 名前《なまえ》が 書《か》いて ありました。やっぱり わたしのでした。きっと おじいちゃんが とどけて くれたんだな、と 思いました。

(1) 雨が ふり出したのは いつごろですか。（8点《てん》）
（　　　　）

(2) 雨が ふって きて、どう 思ったのですか。（10点）
（　　　　）

(3) つぎの とき、どう 思ったのですか。（16点・一つ8点）

① 赤い 長ぐつと、ピンクの かさを 見つけた とき。
（　　　　）

② わたしのだと わかった とき。
（　　　　）

2 つぎの 作文《さくぶん》を 読んで、あとの といに 答えましょう。

日曜日に、家《いえ》の 前の 公園《こうえん》で、自《じ》てん車の れんしゅうを した。
お父《とう》さんが、れんしゅうを てつだって くれた。

さいしょに、ペダルを　はずして　れんしゅうを　した。足で　地《じ》めんを　けって、その　いきおいで　前に　すすんだ。はじめの　うちは、［　　］　すすまず、たおれてばかり　いた。だけど、四メートルくらいも　走《はし》れるように　なった。

つぎに、ペダルを　つけて　れんしゅうした。さいしょは　なかなか　バランスが　とれなくて、自てん車が　へんな　方《ほう》こうへ　行《い》って、まっすぐ　すすまなかった。左の　ペダルを　上に　して、足を　のせて　思いっきり　ペダルを　ふんだ。そうしたら、前に　すすんだ。右足も　ペダルに　のせた。お父さんが、自てん車を　こいで　いる　足を　思いうかべて　まねを　して　みたら、どんどん　前に　すすんだ。

(1) いつ、どこで、何《なに》を　した　ことを　書いて　いますか。（18点・一つ6点）

いつ…（　　　）

どこで…（　　　）で

何を　した…（　　　）を　した。

(2) 自てん車の　れんしゅうを　てつだって　くれたのは、だれですか。（10点）

（　　　）

(3) ［　　］に　入る　ことばを　つぎから　えらんで、記号《きごう》で　答えましょう。（8点）

ア　おそらく　イ　ちょうど

ウ　なかなか　エ　まさか

（　　　）

(4) さいしょは、どのように　して　れんしゅうを　しましたか。（10点）

（　　　）

(5) つぎに、どのように　して　れんしゅうを　しましたか。（10点）

（　　　）

(6) どう　したら、自てん車が　どんどん　前に　すすむように　なったのですか。（10点）

（　　　）

18 生活文《せいかつぶん》を 読《よ》む

学習内容とねらい 身の回りのどんな出来事について書いているのか、また、そのことに対して、どう感じたのかを丁寧に読み取っていきます。

（ 月 日）

標準クラス

1 つぎの 文章《ぶんしょう》を 読んで、あとの といに 答《こた》えましょう。

ラジオ体《たい》そうが ある 日は、学校に 行《い》く ときよりも 早く おきないと いけないので いやだ。

ぼくは、朝《あさ》 早く おきるのが にがてだ。せっかくの 夏休《なつやす》みなのだから、もう 少《すこ》し ねて いたいと 思《おも》う。

でも、ねむいのを がまんして、顔《かお》を あらうと、「さあ、今日《きょう》も 行こう！」と いう 気もちに なる。

ラジオ体そうは、近《ちか》くの 公園《こうえん》で やる。公園までは 歩《ある》いて 十分《じっぷん》くらい。学校に 行く ときよりも、一時間《じかん》 早く 家《いえ》を 出るので、①いつもとは ふうけいが ちがう。②朝 早くから はたらく 人たちを 見かけるからだ。パンやさんでは、いそがしそうに パンを 作《つく》って いるのが 見える。やきたての おいしそうな においが して、おなかが すいて くる。新聞《しんぶん》はいたつの おじさんが、バイクに のって 新聞を はいたつして いる。

ぼくが いつも ねて いる 時間に、たくさんの 人が はたらいて いる。はたらく 人たちを 見ると、「ぼくも がんばろう」と いう 気もちに なる。

公園に つくと、ねむそうな 顔を した 友《とも》だちが いる。おじいちゃん、おばあちゃんたちも たくさん 来《き》て いる。ぼくたちより 元気《げんき》そうに 見える。毎朝《まいあさ》 ラジオ体そうを して いるそうだ。

ラジオ体そうが おわると、カードに はんこ

を　おして　もらう。はんこの　数《かず》が　ふえて
いくのは、③なんだか　うれしい。
家に　帰《かえ》ると　朝ごはん。学校に　行く　とき
より、おいしく　かんじる。パンやさんの　にお
いで、おなかが　すくからだと　思う。
あと　少しで　夏休みも　おわりだ。ラジオ体
そうも　あと　少し。かいきんしょうを　ねらっ
て、つづけて　行くつもりだ。

(1) ぼくは　なぜ、ラジオ体そうの　ある
日が　いやなのですか。

（　　　　　　　　　　　　）

(2) ラジオ体そうは、どこで　やるのですか。

（　　　　　　　　）

(3) ――線《せん》①「いつもとは　ふうけいが　ち
がう」と　ありますが、どう　いう　とこ
ろが　ちがうのですか。

（　　　　　　　　　　　　）

(4) ――線②「朝　早くから　はたらく　人
たち」として、どんな　人たちが　書《か》かれ
て　いますか。二つ　答えましょう。

（　　　　　　　　　　　　）

（　　　　　　　　　　　　）

(5) ――線②「朝　早くから　はたらく　人
たち」を　見て、「ぼく」は　どんな　気も
ちに　なるのですか。

（　　　　　　　　）と　いう　気もち。

(6) ――線③「なんだか　うれしい」と　あ
りますが、どんな　ことが　うれしいので
すか。記号《きごう》で　答えましょう。

ア　おじいちゃん、おばあちゃんたちが、た
くさん　来て　いる　こと。

イ　カードに、はんこの　数が　ふえて
いく　こと。

ウ　朝ごはんを、いつもより　おいしく
かんじる　こと。

（　　）

時間	合かく点	とく点
20分	80点	点

〔　月　日〕

1 つぎの 文章《ぶんしょう》を 読《よ》んで、あとの といに 答《こた》えましょう。

今日《きょう》、わたしの すんで いる 地《ち》いきの 子ども会《かい》が 中心《ちゅうしん》と なって、公園《こうえん》の そうじを しました。しゅう合時間《ごうじかん》の 九時には、子ども会の 会長《かいちょう》さんや、お父《とう》さん お母《かあ》さん、子どもたちが たくさん あつまって いました。

会長さんが、「ゴミは、この ふくろに 入れて ください」と、ゴミぶくろを くばりました。そして、「ペットボトルならば ペットボトルだけ、空きかんならば 空きかんだけを あつめて ください」と 言《い》いました。

しかし、あたりを 見回《みまわ》しても、ゴミは ほとんど おちて いませんでした。子ども会で 月に 一度《いちど》は そうじを して いるので、きれいなんだし、そうじなんて しなくても……と 思《おも》いました。

①うえこみの 下に、空きかんが ころがって いました。かがんで よく 見ると、外《そと》からは 見えない ところに、空きかんや ペットボトルが すてられて いました。風《かぜ》で ころがって ここに 来《き》たのかな、うえこみの 中なら 見えないからと、すてたのかなと 思いました。わたしは 同《おな》じ クラスの 山下くんと 森さんと いっしょに ゴミひろいを しました。

山下くんは 空きかん、森さんは 空きびん、わたしは ペットボトルを たんとうしました。すぐに ゴミぶくろが いっぱいに なりました。だいたい 一時間 ゴミひろいを しただけで、たくさんの ゴミぶくろが できて いました。ゴミぶくろの 山を 見て、「自分《じぶん》たちが 公園を きれいに したんだ」と 思うと、②うれしく なりました。

わたしも ときどき、ゴミを ぽいと すてて しまう ことが あります。ひとりひとりが すてる ゴミは 少《すく》なくても、多《おお》くの 人が すて

ると　ゴミの　山に　なって　しまう　ことに
気が　つき、③ゴミの　ぽいすては　やめようと
思いました。

(1)　何《なに》を　した　ときの　ことが　書《か》かれて
いますか。(10点《てん》)
(　　　　)

(2)　(1)は、何が　中心と　なって　したので
すか。(15点)
(　　　　)

(3)　ゴミは、どのように　あつめたのですか。
記号《きごう》で　答えましょう。(10点)
ア　ペットボトル、空きかん、空きびんを、
それぞれ　べつべつの　ふくろに　入れ
て　あつめた。
イ　ペットボトルだけを　ふくろに　入れ
て　あつめた。
ウ　おちて　いる　ゴミは、すべて　同じ
ふくろに　入れて　あつめた。
(　　　　)

(4)　――線《せん》①と　ありますが、「わたし」は、
そこに　空きかんが　ころがって　いた
わけを、どのように　考《かんが》えて　いますか。
二つ　答えましょう。(30点・一つ15点)
(　　　　)
(　　　　)

(5)　――線②と　ありますが、ゴミの　山を
見て、「わたし」が　うれしく　なったのは
なぜですか。(　)に　あてはまる　ことば
を、本文中から　ぬき出しましょう。(15点)
自分たちが　(　　　　)
と　思ったから。

(6)　――線③と　ありますが、「わたし」が
そのように　思ったのは　なぜですか。(20点)
(　　　　)

チャレンジテスト⑧

時間	合かく点	とく点
35分	75点	点

（　月　日）

1 つぎの しを 読《よ》んで、あとの といに 答《こた》えましょう。

じっと 見て いると

高田《たかだ》 とし子

ながれる 雲《くも》を 見て いたら
雲が いったのよ
「いなかの おばあちゃんが
ほしがきを たくさん 作《つく》って いますよ」

けしゴムを じっと 見て いたら
けしゴムが いった
「なくさず だいじに つかってね」

金色《きんいろ》の イチョウの は
きれいねと 見とれて いたら
「さよなら さよなら また 来年《らいねん》ね」
風《かぜ》に ふかれて ちって いった

なんでも じっと 見て いると
聞《き》こえて くる いろんな ことば
いろんな おはなし

(1) じっと 見て いた ものを、三つ 書《か》きましょう。(6点《てん》・一つ2点)

（　　　）（　　　）（　　　）

(2) 雲は、だれの ようすを 話《はな》して いるのですか。(5点)

（　　　）

(3) けしゴムは、何《なん》と いったのですか。(5点)

（　　　）

(4) イチョウの はは、「さよなら」と いった あと、どう なったのですか。(5点)

（　　　）

(5) なんでも じっと 見て いると、何《なに》が 聞こえて くるのですか。二つ 答えましょう。（6点・一つ3点）

（　　　　　）（　　　　　）

2 つぎの しを 読んで、あとの といに 答えましょう。

少年《しょうねん》の は　　よだ じゅんいち

ポロリと はが とれた。
あとには、もう べつな はが
はえかかって いた。
①ぼくは ねえさんの かがみを もちだして きて
②それを 見た。
かがみに 外《そと》の 雨が うつった。

ぼくは あたらしい はに
そっと さわった。
なんと なく くすぐったいと 思《おも》った。
おとなに なる はだと 思った。
そして うれしく なった。
ぼくは とれた はを もって 外へ 出た。

雨が いつか やんで いた。
雲の 切《き》れ目が 青かった。
③ぼくは ふるい はを
思いっきり 高《たか》く 空へ ほうりあげた。

（平成十二年度版大阪書籍「小学国語四上」）

(1) ——線《せん》①のように したのは なぜですか。記号《きごう》で 答えましょう。（5点）

ア かがみで あそんで みたかったから。
イ はえかかって いる はを、早く 見たかったから。
ウ ねえさんに いたずらを したかったから。

（　　　）

(2) ——線②「それ」とは 何ですか。しの 中の ことばを ぬき出しましょう。（5点）

（　　　　　）

(3) あたらしい　はに　さわった　とき、どう　思ったのですか。二つ　ぬき出しましょう。(10点・一つ5点)

（　　　　）

（　　　　）

(4) ――線③は、作者《さくしゃ》の　どのような　気もちを　あらわして　いますか。その　気もちが　わかる　しの　一行《ぎょう》を、ぬき出しましょう。(5点)

（　　　　）

3 つぎの　文章《ぶんしょう》を　読んで、あとの　といに　答えましょう。

七月二十六日　土曜日《どようび》　晴《は》れ

今日《きょう》は　海《うみ》に　行《い》った。うちから　車で　十五分《ふん》くらいの　ところだ。お父《とう》さんの　うんてんで、家《か》ぞく　みんなで　行った。ついたら　すぐに　海に　入ろうと　思って　いたので、①家《いえ》から　水《みず》着《ぎ》を　きて　いった。

海には、たくさんの　人が　来《き》て　いた。

②すなは　とても　あつくて、はだしでは　歩《ある》けないぐらいだった。ぼくは、弟《おとうと》と　いっしょに、

「あちー」

と　さけびながら、海に　かけこんだ。海の　水は　すなと　ちがって、とても　つめたく、弟は　入った　しゅんかん、「ひゃあ」と　声《こえ》を　出して　いた。

およぎつかれて、海べで　ひと休みして　いると、③えびを　見つけた。家で　かおうと　思って、えびを　つかまえて、お父さんの　ところに　もって　いって、あずかって　もらった。

また、海に　入って　あそんで　もどって　くると、えびが　いなくなって　いた。お父さんに　聞《き》くと、にげて　いったと　言《い》った。お父さんは　えびが　大こうぶつなので、

「きっと　[　　]。」

と　弟と　ないしょ話《ばなし》を　した。
えびは　もって　帰《かえ》れなかったけど、楽《たの》しかった。また　行きたい。

(1) この　文章は、つぎの　どれに　あてはまりますか。記号で　答えましょう。（3点）

ア し　**イ** 日記《にっき》

ウ せつ明文《めいぶん》

（　　）

(2) どこに　行った　ことを　書いて　いますか。（3点）

（　　）

(3) ——線①「家から　水着を　きて　いった」のは、なぜですか。（6点）

（　　）

(4) ——線②「すな」の　あつさと　くらべて、つめたかった　ものは　何ですか。

（　　）（5点）

(5) ——線③「えび」に　ついて　答えましょう。（15点・一つ5点）

① 「えび」は、どこで　見つけましたか。

（　　）

② どうして、「えび」を　つかまえたのですか。

（　　）

③ 「えび」は、どう　なりましたか。

（　　）

(6) □には、どんな　ことばが　入りますか。つぎから　えらんで、記号で　答えましょう。（4点）

ア 食《た》べたんだ　**イ** すてたんだ

ウ だれかに　あげたんだ

（　　）

(7) 「ぼく」の　気もちが　書かれて　いる　二行を、ぬき出しましょう。（12点・一つ6点）

（　　）

（　　）

チャレンジテスト⑨

時間	合かく点	とく点
35分	75点	点

（　月　日）

1 つぎの 文章《ぶんしょう》を 読《よ》んで、あとの といに 答《こた》えましょう。

四月の すえ、生活科《せいかつか》の 時間《じかん》に、もんしろちょうを そだてる ことに なった。

学校の はたけに キャベツが 八つ うえて ある。キャベツに ついて いる たまごと よう虫を とりに 行《い》った。一ぱんから じゅん番《ばん》に とった。ぼくは 四はんだ。とる じゅん番に なったので、①はたけの 中に 入った。たまごと よう虫が ついて いる キャベツの はを 一まい とった。一ぱんに つき 一まい とるのだ。ぼくは、たまごと よう虫が、いちばん 多《おお》く ついて いる はを えらんだ。

教室《きょうしつ》に もどって たまごと よう虫の かんさつを した。たまごが 六こと よう虫が 二ひき はに ついて いた。たまごは、一ミリメートルぐらいで、とうもろこしのような 形《かたち》を して いた。よう虫は 五、六ミリメートルぐらいの 大きさだった。かんさつした ことを、生活科の ノートに 絵《え》を つけて 書《か》いた。

書きおわってから、いちごパックの 中に ティッシュを しいて、②はの おもてを 下に むけて 入れた。どうしてかと いうと、もんしろちょうの たまごは、キャベツの はの うらに うみつけられるので、うらを 下に むけると たまごが つぶれて しまうからだ。

それから 毎日《まいにち》、かんさつを して ふんの そうじを して いる。はを 出して、ティッシュの 上に おちて いる ふんを すて、いちごパックを あらうのだ。はが 黄色《きいろ》く なったり、かびが はえたり すると、はたけから ③新《あたら》しい はを もって きて こうかんする。二はんは、さなぎが はの 上から おちたそうだ。六はんは、一ぴき よう虫が しんだそうだ。

④金曜日《きんようび》に、ぼくは よう虫を 家《いえ》に もって 帰《かえ》った。ゴールデンウイークに 学校に おいて

おくと、しんで　しまうかも　しれないからだ。
つぎの　日には、五ひき　さなぎに　なった。学校に　もどしてから、二ひき　さなぎに　なった。まだ　一ぴき　さなぎに　なって　いないのも　いる。あと　三日ぐらいで　さなぎに　なりそうだ。

(1) ――線《せん》①に　ついて、何《なに》を　する　ために　はたけの　中に　入ったのですか。(6点《てん》)

（　　　　　　）

(2) 「ぼく」は、どんな　はを　えらんだのですか。(6点)

（　　　　　　）

(3) はには、たまごと　よう虫が、それぞれ　いくつ　ついて　いましたか。(6点・一つ3点)

たまご…（　　）こ　よう虫…（　　）ひき

(4) たまごは、どんな　形でしたか。（　）に　あてはまる　ことばを　書きましょう。(6点・一つ3点)

（　　）ミリメートルぐらいで、
（　　）のような　形。

(5) よう虫の　大きさは、どれぐらいですか。(5点)

（　　）ぐらい

(6) ――線②に　ついて、はの　おもてを　下に　むけて　入れたのは　なぜですか。(6点)

（　　　　　　）

(7) ――線③に　ついて、新しい　はと　こうかんするのは、どんな　ときですか。（　）に　あてはまる　ことばを　書きましょう。(6点・一つ3点)

はが（　　）なったり、（　　）が　はえたり　した　とき。

(8) ――線④に　ついて、よう虫を　家に

もって 帰ったのは なぜですか。わけを せつ明《めい》して いる 一文を ぬき出しましょう。（8点）

（　　　　）

2 つぎの 文章を 読んで、あとの といに 答えましょう。

先週《せんしゅう》の 日曜日《にちようび》に、川へ 行《い》って、魚《さかな》を つったり、バーベキューを したり しました。いっしょに 行ったのは、おじいちゃんと お父《とう》さんと お母《かあ》さんと 弟《おとうと》、それに、友《とも》だちの かなちゃんと ひろくん、かなちゃんの お父さんと お母さんです。

［ア］、魚つりを しました。つりはじめると、ますと いう 魚が たくさん つれましたが、一時間《じかん》くらい すると、ますも かしこく なって、いくら やっても、えさだけ 食《た》べられるばかりでした。しかたが ないので、休けいしてから もう 一回《かい》 つる ことに しました。

［イ］、かまどを 作《つく》って、つった ますを しおやきに して 食べました。それから、かなちゃんの お母さんが、バターやきを 作って くれて、みんなで 食べました。とても おいしかったので、わたしは きれいに 食べました。すると、おじいちゃんが、

「おっ、さなえは、食べるの きれいだね。」

と、①ほめてくれたので、うれしく なりました。

［ウ］、野《や》さいや 肉《にく》も やきました。やき肉は 家《いえ》や お店《みせ》で 食べるよりも ずっと おいしく かんじました。

食べた 後《あと》、もう 一度《ど》 ますつりを しました。でも、一ぴきも つれませんでした。お母さんも チャレンジすると いって、一ぴき つりかけました。でも、はりを とろうと した しゅんかん にげられました。お母さんたちは わらって いましたが、わたしは 魚に ばかに されて いるみたいで ②くやしかったです。

(1) いつの ことを 書いて いますか。（5点）

（　　　　）

(2) 川で　何を　しましたか。二つ　答えましょう。(6点・一つ3点)

(　　　　　　)(　　　　　　)

(3) □ア〜ウに　あてはまる　ことばを　つぎから　えらんで、記号《きごう》で　答えましょう。(9点・一つ3点)

ア はじめに　イ それとも

ウ つぎに　エ さいごに

ア(　　　)イ(　　　)ウ(　　　)

(4) 魚つりに　ついて、つぎの　ときの　ようすを　書きましょう。(12点・一つ6点)

① つりはじめ

(　　　　　　)

② 一時間くらい　すると

(　　　　　　)

(5) ますを　どのように　して　食べましたか。二つ　答えましょう。(6点・一つ3点)

(　　　　　　)(　　　　　　)

(6) ――線①に　ついて、おじいちゃんは「わたし」の　どんな　ところを　ほめてくれたのですか。(8点)

(　　　　　　)

(7) ――線②に　ついて、「わたし」は　なぜくやしかったのですか。記号で　答えましょう。(5点)

ア ますに　にげられて　しまった　ことが、魚に　ばかに　されて　いるみたいだと　思えたから。

イ お母さんばかりに　魚が　つれて、「わたし」には　一ぴきも　つれなかったから。

ウ「わたし」が　一ぴきも　魚を　つれなかった　ことを、お母さんたちに　わらわれたから。

(　　　　　　)

〔　月　日〕

19 文を 書《か》く

学習内容とねらい　主語と述語の一致など、文を書くときのきまりを知って、正しい文章表現ができるようにします。また、動詞・助動詞・副詞の使い方を学習します。

標準クラス

1 つぎの ——線《せん》の ことばを 主語《しゅご》に して、れい のように 書《か》きかえましょう。

れい　お母《かあ》さんが たまごを わる。
→ たまごが （ われる ）。

① 妹《いもうと》が ドアを あける。
→ ドアが （　　　　）。

② リンリンと ベルを 鳴《な》らす。
→ ベルが （　　　　）。

③ お兄《にい》さんが いすを こわす。
→ いすが （　　　　）。

④ へやの 明《あ》かりを けす。
→ 明かりが （　　　　）。

2 つぎの 文の おわりに 合《あ》う ことばを、あとから えらんで 書きましょう。

① 今《いま》にも 雨が ふり（　　　　）。

② 早く 校ていに あつまって（　　　　）。

③ やくそくは、けっして やぶり（　　　　）。

④ あなたの 家《いえ》は、どこです（　　　　）。

⑤ この ことは、だれにも 話《はな》す（　　　　）。

ません　そうだ　なさい
ください　か　な

3 つぎの ――線の ことばを、「〜れる」「〜られる」の 文に 書きかえましょう。

れい 名前《なまえ》を よぶ。
　名前を （よばれる）。

① 犬が おいかける。
　犬に （　　　　　）。

② 手紙《てがみ》を わたす。
　手紙を （　　　　　）。

③ 先生が しかる。
　先生に （　　　　　）。

④ 友《とも》だちが たすける。
　友だちに （　　　　　）。

⑤ みんなが わらう。
　みんなに （　　　　　）。

---

4 つぎの ――線の 部分《ぶぶん》を 正しく 書き直《なお》して、いみの 通《とお》った 文に しましょう。

① きのうは とても さむいだろう。
　→（　　　　　）。

② 馬《うま》に にもつを はこぶ。
　→（　　　　　）。

③ ぼくの ゆめは、野球《やきゅう》せん手に なりたい。
　→（　　　　　）。

5 つぎの ――線の ことばの つかい方《かた》で、正しい ほうに ○を つけましょう。

①
（　）やくそくを すっかり わすれて いた。
（　）今年《ことし》の 冬《ふゆ》は、すっかり あたたかい。

②
（　）けが人を ようやく たすけたい。
（　）北国《きたぐに》に ようやく 春《はる》が 来《き》た。

ハイクラス

（　月　日）

1 つぎの〈　〉の ことばの 形《かたち》を かえて、いみの 通《とお》った 文に しましょう。（20点《てん》・一つ5点）

れい 〈おきる〉 ねむって いる 兄《あに》を（おこす）。

① 〈つづく〉 五時《ごじ》まで、れんしゅうを（　　）。

② 〈かわる〉 ピッチャーを、林くんに（　　）。

③ 〈ふえる〉 チームの 人数《にんずう》を（　　）。

④ 〈わく〉 やかんで おゆを（　　）。

2 つぎの 文を、今《いま》の ことを 書《か》いた 文に 書き直《なお》しましょう。（20点・一つ4点）

① 友《とも》だちと サッカーを しました。
（今、　　）

② 妹《いもうと》が、絵《え》を かきました。
（今、　　）

③ 算数《さんすう》の しゅくだいを しました。
（今、　　）

④ お母《かあ》さんが、学校に 来《き》ました。
（今、　　）

⑤ 花だんに かわいい ねこが いました。
（今、　　）

3 つぎの ――線《せん》の 部分《ぶぶん》を 正しく 書き直して、いみの 通った 文に しましょう。（36点・一つ6点）

① あしたは　きっと、よい　天気だった。
↓（　　　）

② おてつだいを　して、お母さんに　ほめた。
↓（　　　）

③ わたしは、妹に　げんかんを　そうじした。
↓（　　　）

④ ぼくは、けっして　うそは　言《い》います。
↓（　　　）

⑤ おじさんに　本を　買《か》って　くれた。
↓（　　　）

⑥ まさか　おくれる　ことは　あるだろう。
↓（　　　）

はってん
4 つぎの　文を、いみの　通った　文に　書き直しましょう。（12点・一つ6点）

① わたしは、公園《こうえん》で、めずらしい　花が　さいて　いました。
（　　　）

② みんなの　ねがいは、しあわせに　くらしたい。
（　　　）

5 つぎの　ことばを　つかって、みじかい　文を　書きましょう。（12点・一つ6点）

① やがて
（　　　）

② いきなり
（　　　）

20 みじかい　文章《ぶんしょう》を　書《か》く

（　月　日）

学習内容とねらい
言葉のつながりや、物事の順序を意識して、短い文章を書く練習をします。特に接続語に注意するようにします。

標準クラス

1 つぎの〔　〕の　二つの　ことばを　つかって、みじかい　文を　作《つく》りましょう。ことばの　じゅん番《ばん》が　入れかわっても　かまいません。

れい〔ひこうき・空〕
（ひこうきが　空を　とぶ。）

① 〔あした・遠足《えんそく》〕
（　　　　）

② 〔さくら・春《はる》〕
（　　　　）

③ 〔母《はは》の日・カーネーション〕
（　　　　）

2 まとまりの　ある　話《はなし》に　なるように、つぎの　文の　つづきを　考《かんが》えて　書きましょう。

れい　きのうから、かぜを　ひいて　います。
だから、（学校を　休みました）。

① 弟《おとうと》は、いたずらを　して　父《ちち》に　おこられました。
しかし、（　　　　）。

② お昼《ひる》は、やきそばに　しますか。
それとも、（　　　　）。

③ 今日《きょう》は、がんばって 勉強《べんきょう》を しました。

なぜなら、（　　　　　　　　　）。

④ 兄《あに》は、おにぎりを 三つ 食《た》べました。

そのうえ、（　　　　　　　　　）。

3 つぎの 文章《ぶんしょう》を 読《よ》んで、あとの といに 答《こた》えましょう。

あしたは、まちにまった うんどう会《かい》だ。①だから、天気よほうでは、あしたは 雨に（　　　）。ぼくは、天気よほうが 外《はず》れる ことを ねがって、てるてるぼうずを つるして ふとんに 入った。

よく朝《あさ》、おきて みると、空が からっと 晴《は》れて いた。ぼくは、てるてるぼうずに かんしゃして、学校へ ②むかいました。

(1) ――線《せん》①の つなぎことばは まちがって つかわれて います。正しい つなぎことばに 直《なお》しましょう。

だから ――→（　　　　）

(2)（　）に あてはまる ことばを えらんで、記号《きごう》で 答えましょう。

ア なった　イ なるだろう

ウ なるらしい　（　　）

(3) ――線②を、この 文に 合《あ》った 書き方《かた》に 直しましょう。

むかいました ――→（　　　　）

(4)「教室《きょうしつ》」「みんな」の 二つの ことばを つかって、この 文の つづきを 考えて 書きましょう。ことばの じゅん番が 入れかわっても かまいません。

（　　　　　　　　　　）

ハイクラス

1 つぎの〔　〕の 三つの ことばを つかって、みじかい 文を 書《か》きましょう。ことばの じゅん番《ばん》が 入れかわっても かまいません。(18点《てん》・一つ6点)

れい 〔にわ・木・小鳥《ことり》〕
(にわの 木の えだで、小鳥が 鳴《な》く。)

① 〔町・図書《としょ》かん・本〕
(　　　　　　　　)

② 〔お母《かあ》さん・いちご・ケーキ〕
(　　　　　　　　)

③ 〔朝《あさ》ねぼう・学校・ちこく〕
(　　　　　　　　)

2 つぎの 文に うまく つながるように、二通《ふたとお》りの 文を 書きましょう。(32点・一つ8点)

① 学校から 帰《かえ》って、公園《こうえん》で みんなで ドッジボールを して いると、とつぜん 雨が ふって きた。

だから、(　　　　　　　　)。

しかし、(　　　　　　　　)。

② わたしは、野《や》さいの 中で、ピーマンが きらいです。かむと にがい あじが するからです。

だから、(　　　　　　　　)。

しかし、(　　　　　　　　)。

時間	合かく点	とく点
25分	75点	点

〔　月　日〕

3 つぎの ことばを つかって、みじかい文を 書きましょう。（32点・一つ8点）

① まるで……のような

（　　　）

② たぶん……だろう

（　　　）

③ ぜひ、……ください

（　　　）

④ もしも……ならば

（　　　）

4 つぎの 話《はなし》の はじめと おわりを 読《よ》んで、まん中の（　）に 合《あ》う 話を 考《かんが》えて 書きましょう。（18点）

〔はじめ〕

「きゃあっ。」

お母《かあ》さんの ひめいが 二かいから 聞《き》こえて きたので、わたしと お父《とう》さんは、いそいで 声《こえ》の する ほうへ かけて いきました。すると、かいだんの まどの 内《うち》がわを、六センチメートルぐらいの やもりが 一ぴき、よじ上って いました。

（　　　）

〔おわり〕

やもりは、しばらく にわを 走《はし》り回《まわ》っていましたが、やがて 草の かげに かくれて しまいました。

チャレンジテスト⑩

時間	合かく点	とく点
35分	75点	点

〔　月　日〕

1 つぎの〔　〕の ことばに「〜れる」「〜られる」を つけて、いみの 通《とお》った 文に しましょう。（6点《てん》・一つ3点）

① 〔たずねる〕
知《し》らない 人に、道《みち》を（　　　　）。

② 〔おこる〕
いたずらを して（　　　　）。

2 つぎの〔　〕の ことばに「〜せる」「〜させる」を つけて、いみの 通った 文に しましょう。（6点・一つ3点）

① 〔のむ〕
赤ちゃんに、ミルクを（　　　　）。

② 〔すてる〕
弟《おとうと》に、ごみを（　　　　）。

3 つぎの（　）に あてはまる ことばを、あとから えらんで 書《か》きましょう。（15点・一つ3点）

① ちらかって いる へやを、（　　　）かたづける。

② 山田くんと わかれたのは、（　　　）二、三分前《ぷんまえ》の ことです。

③ 見つからないように、（　　　）へやを ぬけ出す。

④ みかんを 食《た》べて いたら、（　　　）いなかの おばあちゃんを 思《おも》い出した。

⑤ 台風《たいふう》が 近《ちか》づいて くると、風《かぜ》が（　　　）はげしく なった。

ますます　きちんと
つい　そっと　ふと

4 つぎの ――線《せん》の 部分《ぶぶん》を 正しく 書き直《なお》して、いみの 通った 文に しましょう。（15点・一つ3点）

① いなかの おじいちゃんから、おいしい りんごが とどける。
↓（　　）

② 体いくかんに、いすを ならぶ。
↓（　　）

③ 夕はんの ハンバーグを のこる。
↓（　　）

④ 木の えだが、ポキンと おる。
↓（　　）

⑤ 毎朝《まいあさ》、七時《じ》に 目を さめる。
↓（　　）

5 つぎの 〔　〕の ことばを つかって、みじかい 文を 書きましょう。ことばの じゅん番《ばん》が 入れかわっても かまいません。（16点・一つ4点）

① 〔妹《いもうと》・すきだ〕
（　　）

② 〔学校・算数《さんすう》・かけ算〕
（　　）

③ 〔兄《あに》・顔《かお》・じろっと〕
（　　）

④ 〔池《いけ》・すいすい・およぐ・魚《さかな》〕
（　　）

6 つぎの 文章《ぶんしょう》を 読《よ》んで、あとの といに 答《こた》えましょう。

夏休《なつやす》みに、わたしは お兄《にい》ちゃんと、小鳥《ことり》の すばこを 作《つく》りました。

まず、いたに しるしを つけて、のこぎりで 切《き》って いきます。わたしは、のこぎりを つかうのは はじめてだったので、お兄ちゃんに てつだって くれました。

つぎに、ボンドを つかって、いたと いたを くっつけて いきました。そして、ボンドが かわいたら くぎを うって、すばこの 形《かたち》に 組《く》み立《た》てました。

さい後《ご》に、できあがった すばこに、ガスの 火で こげ目を つけました。なぜ やくのかと いうと、木が いたむのを ふせぐ ためだ □。

春《はる》に なったら、にわの 木の えだに かけます。小鳥が すばこに きて くれたら いいなと 思《おも》います。

(1) この 文章の 書き方《かた》に 合《あ》う ものを えらんで、記号《きごう》で 答えましょう。(5点)

ア した ことを、じゅん番に 書いて いる。

イ 書きたい ことから 書いて いる。

ウ 思い出した じゅん番に 書いて いる。

（　　）

(2) ――線の ことばを 書き直して、いみの 通った 文に しましょう。(3点)

くれました → （　　）

(3) □に あてはまる ことばを えらんで、記号で 答えましょう。(3点)

ア ようです　イ そうです

ウ らしい

（　　）

(4) 思った ことを、どのように 書いて いますか。一文を ぬき出しましょう。(5点)

（　　）

7 まとまりの ある 話《はなし》に なるように、つぎの 文の つづきを 考《かんが》えて 書きましょう。（12点・一つ4点）

① ぼくは、夕はんに、カレーライスを おかわりして 食べました。

だから、（　　　　　　　　）。

② お父《とう》さんは、きのうの 夜《よる》から ねこんで います。

なぜなら、（　　　　　　　　）。

③ 雨が 上がって、雲《くも》の 間《あいだ》から 太《たい》ようの 光《ひかり》が さして きました。

すると、（　　　　　　　　）。

はってん

8 つぎの 話を 読んで、つづきを 考えて 書きましょう。（14点）

ある 晴《は》れた 秋《あき》の 日。たぬきの 子は、山を 下りて ふもとの 村へ あそびに 行《い》きました。村では おまつりの さいちゅうで、ふえや たいこの 音が にぎやかに 聞《き》こえて きます。

じんじゃの とりいを くぐると、子どもたちが、「わっしょい、わっしょい」と 元気《げんき》に かけ声《ごえ》を あげながら おみこしを かついで、やって 来《く》るのが 見えました。たぬきの 子は、いっしょに おみこしを かつぎたくて しかたが ありません。そこで、

しあげテスト 1

[月 日]

時間 35分 / 合かく点 75点 / とく点 点

1 つぎの ――線の かん字の 読《よ》み方を 書《か》きましょう。（10点《てん》・一つ一点）

① 正方形を かく。（　　）
② 風船を ふくらませる。（　　）
③ 人に 親切に する。（　　）
④ 絵画を かざる。（　　）
⑤ 教会の かねが 鳴《な》る。（　　）
⑥ 新雪が まぶしく 光《ひか》る。（　　）
⑦ 校長先生の お話《はなし》。（　　）
⑧ 図画工作の 時間《じかん》。（　　）
⑨ 魚市場で はたらく。（　　）
⑩ 人里 はなれた ところ。（　　）

2 つぎの ――線の かたかなを、かん字に 直《なお》しましょう。（9点・一つ一点）

① おチャを のむ。［　　］
② トリが 空を とぶ。［　　］
③ 古《ふる》い カタナを かざる。［　　］
④ ミチに まよう。［　　］
⑤ 父《ちち》と デンシャに のる。［　　］
⑥ セイテンの 日が つづく。［　　］
⑦ 毎《まい》ばん ニッキを 書く。［　　］
⑧ サクブンの しゅくだい。［　　］
⑨ コンシュウの よてい。［　　］

3 つぎの □に あてはまる ひらがなを 書きましょう。（7点・一つ一点）

① 目を 回□。

② つな引□を する。

③ 町外□の 林。

④ 細□□ きざむ。

⑤ 一月の 半□。

⑥ 風《かぜ》が 強□□。

⑦ ゲームを 楽□□。

4 かなづかいの 正しい ほうに、○を つけましょう。（6点・一つ一点）

① （　）おねいさん　（　）おねえさん

② （　）ちじむ　（　）ちぢむ

③ （　）おおさま　（　）おうさま

④ （　）こずかい　（　）こづかい

⑤ （　）はなぢ　（　）はなじ

⑥ （　）こんにちは　（　）こんにちわ

5 つぎの ――線の ことばを、ていねいな 言《い》い方に 書き直しましょう。（8点・一つ2点）

① お父《とう》さんが 会社《かいしゃ》へ 行《い》く。 →（　　）

② これは、ぼくの ランドセルだ。 →（　　）

③ きのうは 朝《あさ》から 雨だった。 →（　　）

④ 日が くれたので、家《いえ》に 帰ろう。 →（　　）

6 ことばづかいの 正しい ほうに、○を つけましょう。（6点・一つ3点）

① （　）先生が 来《き》た。　（　）先生が いらっしゃいました。

② （　）おばさんが 本を くれた。　（　）おばさんが 本を くださった。

7 つぎの 二つの ことばを 組《く》み合《あ》わせて、一つの ことばに しましょう。（5点・一つ1点）

① 花 ＋ はたけ →（　　）
② 青い ＋ りんご →（　　）
③ 話《はな》す ＋ 声《こえ》 →（　　）
④ 細《ほそ》い ＋ 長《なが》い →（　　）
⑤ おる ＋ たたむ →（　　）

8 つぎの ――線を 引《ひ》いた ことばの いみを あとから えらんで、記号《きごう》で 答《こた》えましょう。（12点・一つ2点）

① さくらが ちらほらと さき出す。（　　）
② あたたかい はく手に むかえられる。（　　）
③ こうばしい においが する。（　　）
④ 地《じ》しんの おそろしさを 知《し》る。（　　）
⑤ しつもんに、たちどころに 答える。（　　）
⑥ ここちよい 風《かぜ》が ふく。（　　）

ア 気もちが よい。
イ こんがり やけたような いい におい。
ウ 心《こころ》の こもった。
エ あっち こっちに まばらに ある ようす。
オ こわさ。
カ その 場《ば》で、すぐに。

9 つぎの ことばの はんたいの いみの ことばを 書きましょう。（16点・一つ2点）

① 朝日 ↔（　　）
② 子ども ↔（　　）
③ 登校《とうこう》 ↔（　　）
④ 近い ↔（　　）
⑤ 明るい ↔（　　）
⑥ 多い ↔（　　）
⑦ かつ ↔（　　）

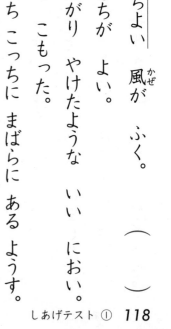

⑧ せまい ⟷（　　）

10

つぎの ことばと いみが にて いる ことばを 書きましょう。（5点・一つ一点）

① 友だち ―（　　）

② 言語《げんご》 ―（　　）

③ 方向《ほうこう》 ―（　　）

④ 方《ほう》ほう ―（　　）

⑤ 夕ぐれ ―（　　）

11

つぎの（　）に、体《からだ》の 部分《ぶぶん》を あらわす ことばを 入れて、いみの 通《とお》る 文に しましょう。（8点・一つ2点）

① 姉《あね》は、あまい おかしに（　）が ない。

② ねこの いたずらに（　）を やく。

③ 先生の 話に、（　）を かたむける。

④ 歩《ある》きつかれて、（　）が ぼうに なる。

12

つぎの いみの ことわざに なるように、（　）に 入る ことばを あとから えらんで 書きましょう。（8点・一つ2点）

① どんな 名人も、ときには しっぱいを する。

（　　）も 木から おちる

② どこで だれが 聞《き》いたり 見たり して いるか わからないと いう こと。

（　　）に 耳あり しょうじに 目あり

③ くるしい ときには、どんな ものにでも すがろうと する こと。

おぼれる ものは（　　）をも つかむ

④ いくら ちゅういしても、まったく きめが ない こと。

（　　）の 耳に ねんぶつ

かべ　天じょう　ねこ
さる　馬《うま》　わら　とうふ

しあげテスト ②

時間 35分　合かく点 75点　とく点 　点　（　月　日）

1 つぎの 文章《ぶんしょう》を 読《よ》んで、あとの といに 答《こた》えましょう。

太郎《たろう》は、むちゅうに なって あそんで いた。その うち、小さな おしろの かいだんでは、ものたりなく なって きた。すこしずつ、大きく する。大きく、もっと 大きく――（あ）、ほんものの かいだんと 同《おな》じぐらいの 大きさの ものを つくりはじめた。

　それには、すなが ずいぶん いる。太郎は せっせと すなを はこびはじめた。海《うみ》の 水に しめった かたい すなを まぜて、いちだん、また、いちだん――

　すると、まったく とつぜん、かいだんの 上に、小さな 足が かけられて いた。それは、太郎が まだ こしらえて いない、上の ほうから、なにげなく おりて きたように みえた。

①太郎は おどろいて 目を あげた。

ほっそりと した 足と 同じぐらい ほっそりした 女の子が たって いた。

（ぼくの かいだんに、だまって のっかるなんて、だれだ！）

そう どなって やりたかったのだが、はずかしがりやの 太郎が、みしらぬ 女の子に、そんな 口を きける はずが ない。②まっかに なって、じいっと にらんで やるのが、せいいっぱいの ことだった。

けれど 女の子は、そんな 太郎の ことなど、まるで みえないみたいに、あかるい 声《こえ》で きいた。

――これ、わたしだって こしらえられるかしら？

（　ア　）

そう いって やりたかったが、なぜだが、こっくり うなずいて しまった。

女の子は、太郎の よこに ならぶと、だまって すなの かいだんを つくりはじめた。はじめてなのか、へたなのか　わからないが、なんだか　とても　たよりない。ふわふわの　かいだんらしく、二だんめを　つくらない　うちに、くずれて　しまう。

　みて　いられなくて、おもわず　太郎は　声をかけて　しまった。

――［　㋑　］。

　そして、じぶんの　かいだんの　すなを、おしげもなく、女の子の　ほうに　とって　やった。女の子の　小さな　手が、太郎の　すなを（　い　）たたいて　かためる。太郎は、さっき　ひとりで　つくった　ときよりも　ねっしんに、（　う　）すなを　はこびはじめた。

（いまえ よしとも「おしろへの かいだん」）

(1)（　あ　）〜（　う　）に　あてはまる　ことばを　つぎから　えらんで、それぞれ　記号《きごう》で　答えましょう。（15点《てん》・一つ5点）

ア　どんどん　イ　とうとう

ウ　とろとろ　エ　とんとん

あ（　　）い（　　）う（　　）

(2) ――線《せん》①と　ありますが、どうして　おどろいたのですか。つぎの　文の（　）に　あてはまる　ことばを　文中から　ぬき出しましょう。（20点・一つ5点）

　とつぜん、（　　　）の　上に、（　　　）が　かけられて　いて、それは、太郎が　まだ　こしらえて　いない、（　　　）から、なにげなく（　　　）ように　みえたから。

(3) ――線②と　ありますが、この　ときの　太郎の　気もちと　して、ふさわしく　ない　ものを　つぎから　一つ　えらんで、記号で　答えましょう。（8点）

ア　はずかしい　イ　がまん

ウ　ふあん　エ　いかり

（　　）

(4) [ア]・[イ]に 入る ことばと して、よい ものを つぎから えらんで、それぞれ 記号で 答えましょう。（10点・一つ5点）

ア てつだって くれよ
イ てつだって あげるよ
ウ 女の子には むりだよ……
エ ぼくは もう 帰《かえ》るよ

ア（　　） イ（　　）

2

つぎの 文章を 読んで、あとの といに 答えましょう。

女の子は、さっきと まるで ちがった 手つきで すなを あつめ、つみあげはじめた。けれど、すなはこびに むちゅうの 太郎《たろう》は、それに 気づかない。

気が ついた とき、女の子の よこには、女の子と 同《おな》じほどの 高《たか》さの すなの しろが できて いた。

①太郎は、ぽけっと して、すなの しろと 女の子とを みくらべた。

女の子は、くっくと わらって いた。

――[ア]。

――[イ]。

（はいるだって？ この おしろへかい？）

太郎は きゅうに、いつもの はずかしがりやに もどって、あとじさり（あとずさり）した。

――[ウ]。

女の子は、また、くっと わらって、かいだんに 足を かけた。くずれなかった。女の子は、そのまま そっと つぎの かいだんに 足を かける。くずれない。いちだん、いちだん、のぼりはじめる……。

②（いけない。はいっちゃ いけないよ！）

太郎は さけびたかった。その おしろへ はいったら、その まま きえて しまうような 気が したのだ。

（うまれて はじめて 口を きいた 女の友《とも》だちなのに……）

太郎は もう すこし――いや、もっと もっと、女の子と あそんで いたかった。それなら、

③はっきり そう いえば いいのに、はずかしくて いえないのだ。

（いまえ よしとも「おしろへの かいだん」）

(1) ——線①「太郎は、ぽけっと して」と ありますが、太郎が ぽけっと した 理《り》由《ゆう》と して よい ものを つぎから えらんで、記号で 答えましょう。（8点）

ア じぶんが くろうして つくった おしろが、きえて しまって いたから。

イ つくった おしろが 大きすぎて、じぶんが どこに いるのか わからなく なって しまったから。

ウ じぶんの 目の 前《まえ》に、ほんものの おしろが あらわれたから。

エ 女の子の よこに、女の子と 同じほどの 高さの すなの しろが できて いたから。

（　　）

(2) □ ㋐〜㋒に 入る ことばと して、よい ものを つぎから えらんで、それぞれ 記号で 答えましょう。（15点・一つ5点）

ア わたし、はいってくわよ

イ わたし、きれいでしょ

ウ どう？ じょうずに できたでしょ

エ はいらない？

㋐（　　）㋑（　　）㋒（　　）

(3) ——線②「いけない。はいっちゃ いけないよ！」と ありますが、太郎は なぜ このように 思《おも》ったのですか。（12点）

（　　）

(4) ——線③「はっきり そう いえば いいのに」と ありますが、どう いう ことを 女の子に いうと いいのですか。（12点）

（　　）

しあげテスト ③

時間 35分　合かく点 75点　とく点 点

（　月　日）

1 つぎの 文章《ぶんしょう》を 読《よ》んで、あとの といに答《こた》えましょう。

せっかく おぼえた ことを、ねて おきたら、わすれて いた！ ①だれにでも よく ある ことです。②人間《にんげん》は、わすれるように できて いるのです。

つらかった ことや、かなしかった ことを、いつまでも はっきり おぼえて いたら、たいへんですからね。

でも、わすれたくない ことまでも、わすれてしまうと、がっかりします。少《すこ》しでも 多《おお》く、おぼえて いられる 方法《ほうほう》は、ないでしょうか。

③おぼえた ことは、おぼえた すぐ あとから、どんどん わすれて いきます。四時間《じかん》 たつと、おぼえた ことの 半分《はんぶん》くらいを わすれます。二日《ふつか》くらい たつと、十こ おぼえた うちの、七こくらいを わすれます。しかし、のこりの 三こくらいは、その あとも、あまり わすれません。

おぼえて おく りょうを、ふやす ためには、一度《ど》 おぼえてからも、ふくしゅうが だいじだといえます。ふくしゅうを くりかえせば、やがて、ぜんぶ きちんと おぼえる ことが できます。

また、わすれたと いっても、きれい さっぱり 頭《あたま》から きえさる わけでは なく、思《おも》いだせないだけの ことが、ほとんどです。

つまり、せい理《り》して 頭の 中に 入れて おき、思いだしやすく する ことも、だいじだといえます。

たとえば、雪《ゆき》と いう かん字《じ》を おぼえるとき、雲《くも》、電《でん》など、雨かんむりの かん字と いっしょに おぼえると、頭に せい理して 入れられます。雨、晴《は》れ、風《かぜ》など、天気を あらわすかん字と まとめても よいですね。「雨から雪に なるヨ」などと、④おぼえ方《かた》を くふうすれば、さらに 思いだしやすいかも しれません。

わすれる ことは、当《あ》たり前《まえ》だと 思って、楽《たの》

しく　勉強《べんきょう》しましょう。楽しく　おぼえた　ほうが、わすれにくいとも　いわれて　いますから。

（「なぜ？　どうして？　みぢかな　ぎもん　2年生」〈学研《がっけん》〉）

(1) ——線《せん》①とは、どんな　ことですか。（8点《てん》）

（　　　　　　）

(2) ——線②と　ありますが、どうして　このように　できて　いるのですか。（8点）

（　　　　　　）

(3) ——線③と　ありますが、どれぐらい　わすれて　いくのですか。つぎの　場合《ばあい》に　ついて　答えましょう。（12点・一つ6点）

四時間　たつと
（　　　　　　）

二日くらい　たつと
（　　　　　　）

(4) ＝線「少しでも　多く、おぼえて　いられる　方法」と　して、筆者《ひっしゃ》は　二つの　ことを　あげて　います。つぎの　（　）に　あてはまる　ことばを、文中から　さがして　ぬき出しましょう。（15点・一つ5点）

・（　　　　）を　くりかえす　こと。

・（　　　　）して　頭の　中に　入れて　おき、（　　　　）する　こと。

(5) ——線④と　ありますが、「雪」と　いう　かん字を　おぼえる　とき、どのように　くふう　すれば　よいと　いって　いますか。合《あ》う　ものを　三つ　えらんで、記号《きごう》で　答えましょう。（12点・一つ4点）

ア　同《おな》じ　読み方を　する　かん字と　いっしょに　おぼえる。

イ　雲、電など、雨かんむりの　かん字と　いっしょに　おぼえる。

ウ　雨、晴れ、風など、天気を　あらわす
かん字と　いっしょに　おぼえる。

エ　同じ　画数《かくすう》の　かん字と　いっしょに
おぼえる。

オ　「雨から　雪に　なるヨ」のように　し
て　おぼえる。

カ　はんたいの　いみを　もつ　かん字と
いっしょに　おぼえる。

（　　）（　　）（　　）

2

つぎの　文章を　読んで、あとの　といに
答えましょう。

「ぼく（一郎《いちろう》）」の　家族《かぞく》は、キャンプに　出かけ
た。テントを　はり、夕ごはんを　作《つく》って　食《た》べ
た　あと、一人《ひとり》ずつ　歌《うた》を　歌った。
①父《とう》さんが　歌いおわった　とたん、どっと　は
く手が　おこった。父さんは　てれくさそうに
頭を　かく。
「いやあ、歌詞《かし》を　ずいぶん　わすれてるなあ。
少し　れんしゅうして、つぎの　キャンプの　と
きには、ばっちり　歌えるように　しとかないと
いかん」
「れんしゅうするのは、歌だけじゃ　ないでしょ。
テントの　はり方も　れんしゅうし
た　ほうが　いいわね」
②母《かあ》さんの　ことばに、父さんも
ごく　すなおに　うなずいた。
「まったくだ。一ぺん　家《いえ》の　にわで　はって
みるべきだった」
「あたしも　水かげん、だれかに　教《おし》えて　もら
いましょう」
どうやら、父さんも　母さんも、また　キャン
プに　出かける　気に　なったらしい。その　と
き、ふと　ぼくは　思《おも》い出した。
「父さん、ヤマメ　つれなかったね」
「お、そう　いえば、ヤマメを　つって、ばんご
はんに　するんだったなあ、すっかり　わすれて
た。よし、あしたの　朝《あさ》、早おきして、つりを
するか」

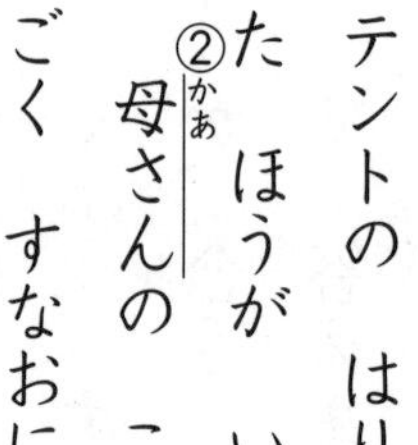

「うん、朝ごはんに　間《ま》に合《あ》うようにね」

「あしたの　朝も、おこげの　ごはん？」

ユミが、ちらりと　母さんを　見た。

「あしたの　朝は、ラーメンか　パンに　しましょう」

母さんの　ことばに、ぼくは　ほっと　した。

「さあ、もう　九時すぎたな。そろそろ、テントに　入るか」

父さんが、大きく　せのびを　した　ときだった。ユミが、かん高《だか》い　声《こえ》を　あげた。

「見て、見て、おばけ……」

ユミの　ゆびさす　方《ほう》を　ふりむいた　とたん、一郎も　いっしゅん　ぎくりと　した。見あげるばかりの、③大きな　黒《くろ》い　かげが　うごめいているのだ。

それが、自分自身《じぶんじしん》の　かげぼうしだと　いうことに　気が　つくまで、ちょっと　時間が　かかった。

いつのまにか、あたり　一面《いちめん》、白い　きりが　たちこめて　いる。その　きりの　*スクリーンに　たき火の　あかりで　できた　かげが　うつっていたのだ。

「なんだか、こわいみたい。この　あたり、まさか、クマなんか　出ないでしょうね」

母さんが、あたりを　見まわす。

「さあな、いるかも　しれんぞ」

父さんは、わらいながら　立ちあがると、*大入《おおにゅう》道《どう》に　むかって　両手《りょうて》を　あげた。そして、

「ウォーッ」

と、ひと声　ほえた。大入道も　両手を　あげる。

ぼくも　ユミも、父さんの　まねを　して、自分の　かげぼうしに　大声で　さけぶ。

（なす　まさもと「ぼくんち、キャンプ特訓中《とっくんちゅう》！」）


*スクリーン…えいがなどを　うつす　まく。

*大入道…ぼうず頭の　ばけもの。

(1)　――線①「父さん」は、つぎの　キャンプまでに　何《なに》を　れんしゅうして　おこうと思っていますか。文中から　一字と　七字で　それぞれ　ぬき出しましょう。
（12点・一つ6点）

□・□□□□□□□

(2) ――線②「母さん」は、この　日、どんな　しっぱいを　したと　考《かんが》えられますか。つぎの（　）に　あてはまる　ことばを、文中から　それぞれ　ぬき出しましょう。（12点・一つ6点）

（　　）が　わからず、
（　　）を　こがして　しまった。

(3) ――線③「大きな　黒い　かげ」に　ついて、つぎの　といに　答えましょう。（14点・一つ7点）

① じっさいには　何《なん》でしたか。文中から　十字で　ぬき出しましょう。

□□□□□□□□□□

② 何に　たとえて　いますか。文中から　かん字　三字で　ぬき出しましょう。

□□□

(4) この　場面《ばめん》には、家族の　どんな　ようすが　えがかれて　いますか。よい　ものを　つぎから　えらんで、記号で　答えましょう。（7点）

ア　なれて　いない　ため、うまく　いかない　ことばかりで、全員《ぜんいん》が　つかれて　しまった　ようす。

イ　なれないので　うまく　いかない　ことも　あるが、家族全員が　楽しんで　いる　ようす。

ウ　なれないので　うまく　いかない　ことが　多《おお》い　うえに、ぶきみな　夜《よる》の　ふんい気に　なじめず、おちつかない　ようす。

（　　）

小2 ハイクラステスト
国語
答え
詳しい「指導の手引き」付き

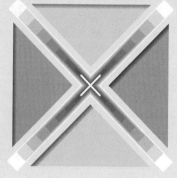

HIGH
CLASS

受験研究社

小学２年国語

答え

ハイクラステスト

1 かん字の 読《よ》み書《か》き ①……

2ページ

1 ①こくご・さんすう ②がようし・え ③おやこ・にちようび ④でんわ・こま ⑤ごぜんちゅう・どくしょ

2 ①かいすう・からまわ(り) ②りっしゅう・あきかぜ ③ぼくとう・こがたな ④ぎゅうにく・こうし ⑤はんし・かみ(くず) ⑥やせい・のやま ⑦ねんちょう・なが(ぐつ) ⑧かんしょく・まぢか ⑨せつげん・ゆきぐに ⑩うんかい・あまぐも

考え方 漢字の音訓を、正しく読み分けましょう。

3ページ

3 ①頭 ②毎日 ③黄色 ④鳴 ⑤外国 ⑥交番 ⑦今後 ⑧会話

4 ①歩く ②晴れる ③明るい ④親しい ⑤止まる ⑥帰る ⑦新しい ⑧行う

考え方 漢字を覚えるときは、送りがなもいっしょに書いて覚えるようにしましょう。特に③「明るい」、⑥「帰る」、⑧「行う」の送りがなに注意しましょう。

4ページ

1 ①つうち ②しゃかいか ③せいてん ④こうりつ ⑤ようじん ⑥しょうご ⑦げんしりょく ⑧たいふう

2 ①はず(れる) ②まじ(わる) ③あら(た) ④あゆ(む) ⑤なか(ば) ⑥みずか(ら) ⑦けらい ⑧がんじつ ⑨にんぎょう ⑩もんこ ⑪ばいばい ⑫しょうじき

考え方 ①～⑥は、送りがなに気をつけて読みましょう。⑩は「もんと」としないように注意しましょう。

5ページ

3 ①地 ②魚 ③角 ④太 ⑤明 ⑥合

4 ①弱音 ②書記 ③校歌 ④引力 ⑤新米 ⑥店番 ⑦楽園 ⑧白昼

考え方 ⑤「新しい米」のこと。⑧「真昼」のこと。

指導の手引き 漢字の書き取りの場合、一字一字の音で書こうとすると、⑤「親米」や⑧「白中」のように間違えてしまうことが多いようです。必ず言葉の意味を考えて書くようにします。

2 かん字の 読《よ》み書《か》き ②……

6ページ

1 ①11 ②11 ③10 ④11 ⑤15 ⑥11 ⑦7 ⑧11 ⑨8 ⑩11 ⑪10 ⑫6

考え方 ①「弓」は三画、④「辶」は三画、⑤「糸」は六画、⑧「里」は七画で書きます。

2 ①こうおん・たかだい ②こう(しん)・ぎょう(れつ) ③ごうどう・ばあい ④しちょう・あさいち ⑤ちゅうしん・おやごころ ⑥えほん・かいが ⑦うもう・はおと ⑧しこう・おも(い) ⑨もくぜん・なまえ ⑩げせん・ふなで

7ページ

3 (○を つける もの)①先頭 ②汽てき ③午後 ④毛糸 ⑤でん池 ⑥遠足 ⑦内がわ

4 ①力走 ②台風 ③通学 ④計算 ⑤電話 ⑥麦茶 ⑦活用 ⑧来年

考え方 ②「大風」と書かないように注意しましょう。

8ページ

1 ①や ②きって ③まぢか ④ばんぐみ ⑤ちゅうし ⑥にくしん ⑦いろじろ ⑧こうらく ⑨たいこ ⑩つきひ ⑪ばいてん ⑫たちば ⑬めいせい ⑭こうみょう ⑮よぞら ⑯こがい

考え方　③「まじか」、⑧「こうがく」、⑭「こうめい」、⑯「とがい」としないように注意しましょう。

9ページ

2　①姉　②食　③色　④電　⑤高　⑥道

3　①九→丸　②雲→雪　③地→池　④体→休

4　①古風　②細工　③高台　④黄金　⑤南東　⑥新聞　⑦親友　⑧多少

考え方　⑥・⑦「新」と「親」を混同して書かないように気をつけましょう。

3　かたかな……

10ページ

1　①ち・さ・みゃ　②む・ほ・ぴゅ　③ヌ・ク・ジョ　④ワ・ツ・ギャ

考え方　③・④「ヌ」と「ス」、「ク」と「ワ」「シ」と「ツ」など、字形が似ている文字に注意します。

2　①トランプ　②ヨーグルト　③ニューヨーク　④ウインナー　⑤チョコレート　⑥インターネット

考え方　かたかなでは、のばす音は「ー」で書き表します。

3　①タクシー　②サッカーボール　③コーラ　④ラジオ　⑤ライオン

考え方　「ソ」と「ン」、「シ」と「ツ」などは、「、」の角度や「ノ」「ン」のはらいの書きはじめの位置に気をつけましょう。

11ページ

4　(1)①アメリカ　②モスクワ　③エジソン　④アンデルセン　⑤ポスト　⑥ハンバーグ　⑦トントン　⑧ゲコゲコ

(2)**㋐イ　㋑ウ　㋒オ　㋓エ　㋔ア**

5　**①ア　②イ　③ア　④イ**

考え方　①、③、④は外国からきた言葉、②は外国の地名のほうを選びます。

12ページ

1　①ネクタイ　②ダイヤモンド　③チンパンジー　④ケチャップ　⑤カスタネット　⑥パラシュート　⑦サンドイッチ　⑧ベートーベン

2　①かめら→カメラ　②ぴんく→ピンク　③べらんだ→ベランダ　④こっぷ→コップ・じゅうす→ジュース　⑤オサラ→おさら・くっきい→クッキー　⑥しいそお→シーソー・ヤキュウ→やきゅう

考え方　③「ふかふか」は物の音ではなく様子を表す言葉(擬態語)なので、ひらがなで書き表します。

13ページ

3　①テニス・ズボン・ドライヤー・バナナ・ホットケーキ　②エジプト・ローマ・シンデレラ　③ピヨピヨ・ゴロゴロ

> **指導の手引き**　かたかなで書く言葉には、①〜③の三種類があります。しっかりと理解し、使い分けができるようにしましょう。
> 　理科的な表記として、生き物(種や属)をかたかなで表すこともあります。

4　(じゅんに)フランス・メール・プールサイド・バシャン・マンション・トラック・ブルドーザー・ドンドン・バンバン

考え方　「ばしゃん」「どんどん」「ばんばん」は物の音を表す言葉(擬音語)なので、かたかなで書き表しますが、「すいすい」は様子を表す言葉(擬態語)なので、ひらがなで書き表します。

4　いろいろな　ことばと　いみ……

14ページ

1　①白くま　②青空　③つな引き　④とびばこ　⑤米だわら　⑥長ぐつ　⑦竹ざお　⑧貝がら　⑨おりたたむ　⑩見回す

考え方　③は「引く」、④は「とぶ」、⑨は「おる」、⑩は「見る」の形が変わります。また、④〜⑧などは、下にくる語が、「とびばこ・米だわら・長ぐつ・竹ざお・貝がら」のように濁ることに注意しましょう。

2　①長い　②強《つよ》い　③高《たか》い　④小さい　⑤少《すく》ない

考え方　反対語は、セットにして覚えるようにしましょう。すぐに思い浮かばないときは、「○○が」と主語をつけて考え、その反対をイメージしてみるとよいでしょう。

15ページ

3 ①うつくしい　②ならう　③やっと　④きゅうに　⑤すぐに

4 ①**イ**　②**エ**　③**ア**　④**オ**　⑤**ウ**

16ページ

1 ①ふで・はこ　②おちる・は　③読む・書く　④たび・立つ　⑤ねる・ころぶ　⑥けす・ゴム　⑦雪・だるま　⑧むかし・はなし　⑨学しゅう・つくえ　⑩うで・すもう

2 ①ひくい・やすい　②さむい・つめたい・うすい

考え方　①同じ「高い」でも意味が違います。言葉の意味を考えて答えましょう。

3 ①話《はな》す（言《い》う・語《かた》る）　②おおぜい（多《おお》く）　③うまい　④うるさい　⑤あぶない

17ページ

4 ①けずり　②ごはん　③げき　④電話　⑤公園　⑥ひこうき　⑦当番　⑧めがね

5 ①**エ**　②**イ**　③**キ**　④**オ**　⑤**ウ**　⑥**ア**　⑦**カ**

考え方　①「きざむ」は、この場合、「心にしっかり記憶する」という意味です。

5　正しい　ことばづかい ……

18ページ

1 ①**イ**　②**ア**　③**ア**　④**イ**　⑤**イ**　⑥**ア**　⑦**イ**　⑧**ア**　⑨**ア**　⑩**イ**

2 ①を　②は　③は　④へ　⑤へ　⑥を　⑦へ

19ページ

3 ①右に　○　②右に　○　③左に　○

考え方　②「ぜんぜん」は、下に打ち消しの言葉をともなって、「まったく」「少しも」という否定を表す意味で使います。

4 ①**イ**　②**ア**　③**ウ**

考え方　①「まるで～のようだ」、②「どうか～ください」、③「たぶん～だろう」という、決まった言葉の使い方をします。

5 ①左に　○　②右に　○　③左に　○　④右に　○　⑤左に　○　⑥左に　○　⑦左に　○

指導の手引き　話す相手や場面に応じた言葉づかいができるように、ふだんの生活の中でも意識して使うようにしましょう。

20ページ

1 ①○　②○　③×おおかみ　④○　⑤×かきごおり　⑥×はなぢ

考え方　⑥「はなぢ」は「鼻＋血」。

2 ①は（が）・へ（に）　②から・が（は）　③を（で）・に　④の・や　⑤を・で（の）

21ページ

3 ①**エ**　②**ア**　③**イ**　④**ウ**

考え方　②「ぜひ～ください」、③「なぜ～か」、④「たとえ～ても」など、決まった言葉がくるので覚えておきましょう。

4 ①左に　○　②右に　○

考え方　①自分の持ち物には「お」はつけません。②身内には敬語（謙譲語）は使いません。

5 ①すきです　②います　③くれませんか　④がんばりましょう　⑤もらいました（いただいた・いただきました）　⑥言いました（言われました・おっしゃいました）

チャレンジテスト　①

22ページ

1 ①はくまい　②にく　③ちほう　④みょうちょう　⑤よみせ　⑥たいかい　⑦ぼし　⑧こうつう　⑨しつない　⑩ようし

2 ①用いる　②明かり　③聞こえる　④半ば　⑤売る　⑥当てる　⑦直ちに　⑧新しい　⑨楽しい　⑩数える

23ページ

3 ①4　②5　③5　④2　⑤3　⑥6　⑦8　⑧2　⑨1

考え方　⑦「辶（しんにょう）」は、あとから書きます。⑨「馬」は、たて画から書き始めます。

4 (じゅんに)ロビン・イギリス・パン・オレンジジュース・ギャーギャー・ベッド

5 ①岩山　②弱音　③図画　④外　⑤毎日　⑥顔　⑦魚　⑧電車　⑨知　⑩広大

チャレンジテスト ②

24ページ

1 ①走り出す　②話し合う　③うけとる　④細長い

2 ①ごみ・はこ　②うんどう・くつ　③あつい・くるしい　④うすい・くらい　⑤おそい

3 ①おわる　②まける　③しずむ　④へた

4 ①用《よう》い(したく)　②日中(白昼《はくちゅう》・ま昼)　③気分《きぶん》(ここち)　④わけ　⑤べんきょうする(学しゅうする)

25ページ

5
みかづき　ちぢむ　よこづな
①みかずき　②ちじむ　③よこずな
こづかい
④こずかい

6 (じゅんに)は・へ・を

7 ①左に　○　②右に　○

8 ①すきです　②いません　③もらいました(いただいた・いただきました)　④来《き》ます(来られます・いらっしゃいます・おいでになります)

考え方　④「来る」は、丁寧語では「来ます」、尊敬語では、「来られます・いらっしゃいます・おいでになります」などとなります。

6　ことばの　きまり ①……

26ページ

1 ①妹は　②雪が　③せは　④家は　⑤子どもが　⑥今日は　⑦明日は　⑧きみも　⑨えんぴつが　⑩空気が

考え方　主語を書き出すときは、「○○が・○○は・○○も」まで書き出すようにします。

2 ①する　②はげしい　③見る　④白い　⑤しまだ　⑥またたく　⑦かける　⑧強い　⑨四十才です　⑩かく

27ページ

3 ①おじいさんと　おばあさんは、しあわせに　くらしました。
②しゅくだいを　午前中に　すませて、午後は　思いきり　あそぼう。
③たけしくんの　家の　にわで、バーベキューを　した。

4 ①お正月に　たくさん　お年玉を　もらった。だいじに　とって　おこう。
②ぼくは　お父さんとの　やくそくを　やぶりました。だから、今月は　おこづかいが　ありません。

5 ①(「　」を　つける　ところ)
「これ　おもしろいから　見ろよ。」

「おもしろそうだね。読ませて　もらうよ。」
②(「　」を　つける　ところ)
「今日は、さか上がりを　します。」

「えー、いやだー。」

「わたし、さか上がり　できるように　なったんだ。」

「はい、しずかに　しましょう。」

考え方　「　」は会話文につける符号です。本のタイトルなどにもつける場合があります。

28ページ

1 ①ア　②イ　③イ　④ウ　⑤ア　⑥イ　⑦ア　⑧イ　⑨ウ

考え方　「どうする」は動詞、「どんなだ」は形容詞・形容動詞、「何だ」は名詞＋だ(です)。

2 ①わたしは、お母さんと(お母さんと　わたしは、)ホットケーキを　作りました。
②この　毛糸の(毛糸の　この)　セーターは、とても　あたたかい。
③山田くんも、今日から(今日から　山田くんも、)チームの　なかまだ。

考え方　③この場合は「山田くんも」が主語になります。

29ページ

3 ①ぼくは　なきながら、走る　弟を　おいかけた。
②ぼくは、なきながら　走る　弟を　おい

かけた。
③わたしは　岩に　すわって、つりを　して　いる　兄を　ながめて　いました。
④わたしは、岩に　すわって　つりを　して　いる　兄を　ながめて　いました。

4 （「　」を　つける　ところ）
「もう　できたかな。」
「すを　こわして　しまいますよ。」
「だめだ。いかん。ぜったいに　こわしちゃ　だめだぞ。」
「では、もっと　しっかり　べんきょうしなさい。」

7　ことばの　きまり②……

30ページ

1 ①エ　②ウ　③ア　④カ　⑤イ　⑥オ

考え方　前後の文の意味から、つながり方を考えます。

2 ①その　②あちら　③これ　④どこ

考え方　「こそあど言葉」の「こ」は、自分に近いものを、「そ」は相手に近いものを、「あ」は自分からも相手からも遠いものを、「ど」は不明のものを指します。

31ページ

3 ①ので　②のに　③のに　④ので　⑤のに

4 ①ウ　②ア　③エ

考え方　助詞を入れる問題です。助詞は、語と語の関係を示したり、意味をそえたりするはたらきをします。一つ一つあてはめて、意味が通るものを選ぶようにします。

32ページ

1 ①エ　②イ　③ウ　④ア

2 ①カ　②キ　③イ　④オ　⑤エ　⑥ウ　⑦ア

考え方　①関連のある話ですが、話題は変わっています。

33ページ

3 （○を　つける　ことば）①こそ　②だけ　③から　④ぐらい

4 ①おなかが　いたかったけれど（のに）、学校へ　行った。
②がんばって　べんきょうしたので（から）、テストで　百点を　とった。
③セーターも　買ったし、手ぶくろも　買った。

考え方　二つの文のつながり方を考えます。①は逆接、②は順接、③は並立の助詞を使って一文にします。

8　ことわざ・かんようく……

34ページ

1 ①オ　②ウ　③イ　④ア　⑤カ　⑥エ

2 ①目　②ほね　③こし　④は

35ページ

3 ①手　②はら　③耳　④むね　⑤足

4 ①ウ　②エ　③オ　④ア　⑤イ

考え方　①とよく似た意味のことわざに「ぶたに真珠」、②とよく似た意味のことわざに「かっぱの川流れ」「上手の手から水がもれる」など、③とよく似た意味のことわざに「わざわいを転じて福となす」があります。

36ページ

1 ①手　②目　③口　④顔《かお》

考え方　②「目を三角にする」は、こわい目つきをすることのたとえ。③「口をとがらせる」は、不満で、文句を言いたそうな顔をすることのたとえです。

2 ①頭　②耳　③ねこ　④雲

37ページ

3 ①○　②×　③×　④○

考え方　②「顔から火が出る」は、ひどくはずかしいことのたとえ。③「耳にたこができる」は、同じことを何度も聞かされて、うんざりすることのたとえです。

4 二つ目に　○

5 ①たな　②だんご　③力もち

指導の手引き　ことわざや慣用句は、同じ言葉を使ったものが多くあります。体の一部を使ったものや動物など、まとめて覚えるとよいでしょう。

チャレンジテスト ③

38ページ

1 ①犬　②山　③馬　④鳥　⑤頭　⑥三

2 ①カ　②オ　③イ　④エ　⑤ア　⑥ウ

39ページ

3 ①姉は　きれいだ　②花が　さいた

③へやは　あたたかい

考え方　述語は、ふつう文の終わりにあります。まず、述語を見つけて、そのあとで、「何は(が)」に当たる主語を見つけるとよいでしょう。

4 ①ア　②ウ　③イ

5 ①父は　ごはんを　食べながら、べんきょうを　して　いる　兄を　見て　いた。

②父は、ごはんを　食べながら　べんきょうを　して　いる　兄を　見て　いた。

6 ①外は　さむい。だから、うわぎを　きて　出かけた。

②ふたを　あけた。すると、何かが　とび出した。

9　ものごとを　読《よ》みとる……………

40ページ

1 (1)初冬のかみなり

(2)十一月・季節風・あつい　雲

考え方　(1)設問文の「七字で」をヒントにします。

(2)（　）の前後の言葉をヒントに、本文中から探し出します。

41ページ

2 (1)やまうさぎの足あと

(2)ローマ字の　Tのような　形

(3)後足

(4)前足・ぴょんと・大きな　後足・前足

考え方　(1)一段落目の中に話題が書かれています。

(2)直後の「形」を読み取っていきます。

(3)後足についてまとめられている文を探し出します。

(4)三段落目に注目して、（　）の前後の言葉をヒントに探し出します。

42ページ

1 (1)すくう・つまむ・たたく・切る(ちぎる)

(2)どうぐを　つかう

(3)スプーンや　ひしゃくを　つかう

(4)一度に　たくさんの　土や　すなを　すくう　とき

(5)もえて　いる　木切れや　すみ

(6)うつ(たたく)　とき

(7)(太い　はり金)ペンチ

(あつい　ぬの)はさみ

(木)のこぎり

(8)(わたしたち)　人間

考え方　(1)一段落目に書かれている四つのはたらきが、それぞれ、あとの段落で説明されています。

(2)直後の「そう　いう　とき」に注目していきます。

(3)直後に何を使うのかが書かれています。

(4)直前にどういう「とき」に使うのかが書かれています。

(5)直前に「何」をつまむのに使うのか書かれています。

(6)金づちやハンマーやバットなどが、どのような「うごき」をするのかを考えて、それぞれ直前の内容から探し出していきます。

(7)直後に、それぞれ何を使うのかが書かれています。

(8)本文の最後のまとめを読んでいきます。

10　げんいんや　りゆうを　考《かんが》える……

44ページ

1 (1)にゅうさんきんを　入れる　こと

(2)はっこう

(3)(何が)にゅうとう　(何に)にゅうさん

(4)少し　すっぱくて　なめらかな　ヨーグルト(に　なる。)

考え方　(1)次の段落の「それ」は「ひみつ」を指し示しています。

(2)五つ目の段落で「へんしん」を言い換えています。

(3)六つ目の段落に説明されています。

2 45ページ

(1)ふかい　ところ・岩石・近い　ところ・ふき出して

(2)ようがん

(3)はい・千・ながれおちて

考え方　(1)二つ目、三つ目の段落に、「ふん火」について説明されています。

(2)四つ目の段落で、流れ出た「マグマ」を何と呼ぶかが書かれています。

(3)直前に「その　ため」とあるので、それ以前の文章の中から、危険な点を探します。

1 46ページ

(1)水の　中・大きさ・かるく・かた手・うかせ

(2)**イ**

(3)**ウ**

(4)左に　○

考え方　(3)前で述べた内容から、当然のように考えられることをあとで説明しています。

(4)最後の段落は、□の実験のまとめの部分です。丁寧に読み取っていきましょう。

11　きろくや　かんさつした　ことを　読《よ》みとる………

48ページ

1 (1)黒い　うぶ毛の　子ぎつね

(2)子ぎつね・かみついて

(3)①レスリング　②**イ**

考え方　(1)初めの文に書いてあります。

(3)①「まるで～ようだ(ような・ように)」という、たとえの表現に注意します。②三つ目の段落の内容や言葉に注目します。

2 49ページ

(1)貝がらの　大きさや　ひょうめんの　きずを　しらべて　いる。

(2)**ウ**

考え方　(1)行動の理由を考えます。

(2)相手を追い出していることから、**ウ**が合わないことがわかります。

1 50ページ

(1)シャボン玉の　色

(2)ふきこむ　いきを　弱める　ため。

(3)あらし

(4)赤・黄

(5)まくのあつさ

(6)まくの　あつさが　どこも　ひとしく　ない　とき。

(7)(ゆっくりと　ふいて、)まくの　あつさが　どこも　ひとしく　なった　とき。

考え方　(2)直前に理由が書かれています。

(4)六つ目の段落の「このように」のあとをよく読みます。

(5)八つ目の段落の「じつは」のあとに書かれています。

(6)・(7)最後の段落の、「～とき」という言葉に注目します。

指導の手引き　説明文を読むときは、こそあど言葉(指示語)やつなぎ言葉(接続語)に注意して、一つ一つの事柄を正しく読み取ることが大切です。

チャレンジテスト　④

1 52ページ

(1)水分・よう分(順不同可)

(2)葉緑素・緑色・赤色の　もと(「葉緑素」「緑」はひらがな書きでも可)

(3)**ア**×　**イ**○　**ウ**×　**エ**○

考え方　(1)直後に、どうなるかが説明されています。

(3)**ア**　茶色以外に、黄色や赤色になる葉があることが説明されています。**ウ**　りそうから、赤色のもとができてくるとは書いていません。

2 53ページ

(1)①植物は、太～くります。

②でんぷん

③水分・二酸化炭素(「二酸化炭素」はひらがな書きでも可)

(2)①**ア**　②**ア**　③**イ**　④**イ**　⑤**ア**

(3)**ウ**

(4)**カ・ウ・オ・エ・ア・イ**

考え方　(1)次の段落に説明されています。
(3)直前の文から考えます。
(4)各段落の要点をつかんだうえで、（　）の前後の言葉をヒントにしてあてはまる言葉を探します。

チャレンジテスト⑤

56ページ

1　(1)ガラスを　つかって　いる　こと。
(2)イ
(3)すててしまわないでもう一度つかうこと
(4)㋐あつめてきたビン
㋑細かく
(5)ゴミ

考え方　(4)直前の言葉に注目します。
(5)「きちょうひん」とは、高価で大切な品物のことです。これと反対の意味の言葉を探します。

58ページ

2　(1)㋐ビン　㋑あつめる　㋒色べつ　㋓ふた　㋔はずして　㋕あらって　㋖リサイクル・センター（しげんゴミ回しゅう所）
㋗歩道　㋘回しゅう
(2)空きビンを　見つけたら、かならず　うちに　もって　かえって、リサイクルに　活用する　こと。

考え方　(2)「それと　大事な　ことは」のあとに注目しましょう。

12　あらすじを　読《よ》みとる……………

60ページ

1　(1)牛に　角で　つかれたから。
(2)(子牛には)　角が　生えて　いなかったから。

考え方　(2)直前の文に注目します。

61ページ

2　(1)あかちゃんが　生まれる
(2)(かわいい)　くちばし
(3)(れい)げんきの　いい　ぼうやが　生まれたから。

考え方　(3)おとうさんペンギンの言葉から考えます。

62ページ

1　(1)入院して　いるから。
(2)工事げん場の　足場から　おちて　けがを　したから。
(3)イ　(4)㋐ウ　㋑エ　㋒ア　㋓イ
(5)スカート・くつ・リボン・かわいい(「スカート」と「くつ」が入れ替わっていても可)

考え方　(1)よしえがどのような状況になっているのかを読み取ります。
(2)おじさんについて説明されている部分を探し出します。
(3)そのあとのおじさんの言葉から考えます。
(5)最後の段落に、人形についてくわしく説明されています。

13　人物《じんぶつ》の　気もちを　読《よ》みとる……

64ページ

1　(1)ア
(2)だまされた　ふりを　して　あげようと考えたから。

考え方　(2)ごんじいの（　）の言葉から考えます。

65ページ

2　(1)㋐山一番強い　㋑ウ
(2)①イ　②よゆうしゃくしゃく

考え方　(1)直後の段落が、オオカミの態度の説明となっています。
(2)しのびあしは、何のためにするのかを考えます。

66ページ

1　(1)ウ　(2)ウ
(3)㋐見えな
㋑ばかものややくに立たないもの
(4)ウ

考え方　(1)「ばかものややくに立たないものには見えない」＝「見えないと、ばかものややくに立たないものと思われる」と連想していきます。
(2)「大じん」＝やくに立つもの。「正直もの」

=うそをつかずに本当のことを教えてくれるもの。
(3)(2)と関連した問題です。
(4)「大じん」は、自分を「ばかもの」だとは思っていません。

指導の手引き 物語文では、登場人物と場面をしっかりととらえ、出来事によってどのような変化が起きたのかを、丁寧に読み取ることが大切です。

14 場面《ばめん》や　ようすを　読《よ》みとる ……

68ページ

1 (1)ハヤブサ
(2)大造じいさんのおとりのガン
(3)**ウ**
(4)すくわねばならぬなかまのすがた

考え方 (3)ガンは、大造じいさんが飼っていたガンであり、大造じいさんの口笛を聞いて、飼い主の方向に向きを変えたことをとらえます。

70ページ

1 (1)花火を　うち上げようと　して　いるところ。
(2)みんな、花火に　火を　つけに　行くことは、すきでは　なかった　こと。（だれも、花火に　火を　つけに　行かないこと。）
(3)くじを　引いて　きめた。（くじ引き）
(4)花火の　そばまで　くると　首が　ひとりでに　引っこんで　しまって、出て　こなかったから。

考え方 (4)花火に火をつけようとして、みんながこわがっている場面です。かめの様子をしっかりとらえましょう。

71ページ

2 (1)㋐みなとばし　㋑ふね
(2)**イ**

考え方 (1)少年の二つ目の言葉から考えます。
(2)「のぶおの　目には」のあとに書かれています。

チャレンジテスト⑥

72ページ

1 (1)海のむこうにあるさくらのさく小さな島国
(2)**イ**　(3)**ウ**　(4)**ア**

考え方 (1)次の段落に、言い換えた表現があります。
(2)日本に行けたら、じいさんの願いがかなうのです。
(3)うれしいことを何度も言う様子を、「よっぱらい」にたとえています。
(4)願いがかないそうなときの様子を選びます。

74ページ

2 (1)**ウ**
(2)カレーライス
(3)**イ**
(4)たくさん　食べる・おなかを　すかせて　いる・有名・おなかが　鳴った
(5)いいわけを　して　いるみたいに　きこえたから。
(6)（れい）おなかが　鳴ったのは　自分でないのに　しんじて　もらえず、はらが　立ったから。

考え方 (4)ふだんのひさしの様子が書かれている部分を、本文中から探し出します。
(5)直前に、笑う理由が説明されています。
(6)口をとがらせるときの気持ちを考えます。

チャレンジテスト⑦

76ページ

1 (1)**ウ**
(2)米田ろう人は
(3)**イ**
(4)**イ**

考え方 (4)白い歯が見える表情を想像します。

78ページ

2 (1)（生まれたばかりの、）小さな　白い馬
(2)・じめんに　たおれて、もがいて　いたから。
・あたりを　見ても、もちぬしらしい　人

も　おかあさん馬も　いないから。
・ほうって　おいたら、夜に　なって、おおかみに　食われてしまうかも　しれないから。
(3)雪のように・きりっと・見とれる
(4)けたたましい　馬の　鳴き声と、ひつじの　さわぎが　聞こえたから。
(5)(何が)大きな　おおかみ(が)(どう　する　こと)ひつじに　とびかかろうと　する　こと(を　ふせいで　いた。)
(6)(ずいぶん)長い　間、おおかみと　たたかって　いた　こと。

考え方　(2)スーホの行動や会話を読み取り、「なぜ、そうしたのか」を考えるようにしましょう。

15　長《なが》い　文章《ぶんしょう》を　読《よ》む……………

80ページ

1　(1)イ
(2)ウ

82ページ

1　(1)なかまの　多い　ふもとの　村へ　つれて　行って　くれる　こと。
(2)(れい)菜の花を　川に　ながして　はこぶと　いう　考え。

考え方　(2)小むすめの言葉から考えます。

16　しを　読《よ》む……………

84ページ

1　(1)イ
(2)ア

考え方　(1)「いっちゃん」が一、「にこにこ」が二というように、それぞれの行のはじめの文字が、数を表しています。
(2)七と九の間に入る言葉を探します。

85ページ

2　(1)イ
(2)①ウ　②ア

考え方　(2)それぞれ直前の「さよなら　きみたち」、「さよなら　太陽」から考えます。

86ページ

1　(1)あんぜん・わたらせる
(2)イ
(3)よこづな
(4)イ

考え方　(1)三連目の最後の行に注目します。
(2)橋のすごさを表すために、「ぼく」のことを書いているのです。
(3)たとえを表す言葉「～みたい」に注目します。

87ページ

2　(1)くるくると　まわりながら
(2)ウ

指導の手引き　詩は、短い言葉の中に作者の思いが込められています。何度も読むことでリズムをとらえ、作者の思いと合わせて情景を想像するようにしましょう。

17　日記《にっき》・作文《さくぶん》を　読《よ》む……………

88ページ

1　(1)六月七日
(2)(だれと)お母さん(と)
(何を　した)せんたく(を　した。)
(3)ぼくは、おてつだいを　して　よかったなと　思いました。

2　(1)(れい)体いくの　時間に　さか上がりを　するから。
(2)ア
(3)ウ

考え方　(1)体育の時間がいやな理由を、文中の言葉を使ってまとめます。
(2)ずる休みをしようかと考えていたときに声をかけられたから、びっくりしたのです。
(3)自分にはできないことができる人に対して、どんな気持ちをもつかを考えます。

90ページ

1　(1)昼ごろ
(2)かさを　もって　こなかったので、こまったな、と　思った。
(3)①あれっと　思った。

②きっと　おじいちゃんが　とどけて　くれたんだな、と　思った。

考え方　(3)気持ちがくわしく書かれている日記です。①・②のときの、それぞれの思いをとらえます。

2　(1)(いつ)日曜日

(どこで)家の　前の　公園(で)

(何を　した)自てん車の　れんしゅう(をした。)

(2)お父さん

(3)ウ

(4)ペダルを　はずして　れんしゅうを　した。

(5)ペダルを　つけて　れんしゅうを　した。

(6)お父さんが、自てん車を　こいで　いる足を　思いうかべて　まねを　して　みた。

考え方　(3)あとに「すすまず」と打ち消しの言葉が続いていることに着目します。

(4)・(5)「さいしょに」「つぎに」という言葉を探します。

(6)自転車が前に進むようになったときの様子を思い出して、くわしく書いています。「〜して　みたら」という表現に注目します。

18　生活文《せいかつぶん》を読《よ》む……

92ページ

1　(1)(学校に　行く　ときよりも)　早くおきないと　いけないから。

(2)近くの　公園

(3)朝　早くから　はたらく　人たちを　見かける　ところ。

(4)パンやさん・新聞はいたつの　おじさん

(5)ぼくも　がんばろう(と　いう　気もち。)

(6)イ

考え方　(2)「公園」だけでなく「○○の　公園」と答えます。

(3)何を見かけているのかを考えます。

(5)「〜と　いう　気もちに　なる」という表現に注目します。

94ページ

1　(1)公園の　そうじ

(2)(わたしの　すんで　いる)地いきの　子ども会

(3)ア

(4)・風で　ころがって　来た。

・うえこみの　中なら　見えないからと、すてた。

(5)公園を　きれいに　した(んだ)

(6)ひとりひとりが　すてる　ゴミは　少なくても、多くの　人が　すてると　ゴミの山に　なって　しまう　ことに　気が　ついたから。

考え方　(4)「〜のかな」という言葉に注目します。

(6)同じ文の初めに、その理由が書かれています。

チャレンジテスト　⑧

96ページ

1　(1)ながれる　雲・けしゴム・(金色の)イチョウの　は

(2)いなかの　おばあちゃん

(3)なくさず　だいじに　つかってね

(4)風に　ふかれて　ちって　いった

(5)いろんな　ことば・いろんな　おはなし

97ページ

2　(1)イ

(2)べつな　は(あたらしい　は)

(3)・なんと　なく　くすぐったいと　思った。

・おとなに　なる　はだと　思った。

(4)そして　うれしく　なった。

考え方　(1)鏡を使わないと見えないものを考えます。

(2)「それ」と置き換えても意味の変わらない言葉を探します。

98ページ

3　(1)イ

(2)海

(3)ついたら　すぐに　海に　入ろうと　思って　いたから。

(4)海の　水

(5)①海べ

②家で　かおうと　思ったから。

③いなく　なった(にげて　いった)
(6)ア
(7)・えびは　もって　帰れなかったけど、
楽しかった。
・また　行きたい。
考え方　(1)日記には、必ず日付、曜日、天気が書かれています。
(6)直前の「お父さんは　えびが　大こうぶつなので」に注目します。「きっと　食べたんだ。」と冗談めかして、弟とないしょ話をしたと考えられます。

チャレンジテスト⑨

100ページ

1 (1)キャベツに　ついて　いる　もんしろちょうの　たまごと　よう虫を　とるため。
(2)たまごと　よう虫が、いちばん　多く　ついて　いる　は。
(3)(たまご)六(こ)
(よう虫)二(ひき)
(4)一・とうもろこし
(5)五、六ミリメートル
(6)(もんしろちょうの　たまごが　はの　うらに　ついて　いるので、)うらを　下に　むけると　たまごが　つぶれて　しまうから。
(7)黄色く・かび
(8)ゴールデンウイークに　学校に　おいて　おくと、しんで　しまうかも　しれないからだ。
考え方　(1)二段落目に目的が書かれています。
(4)たまごの大きさや形などが説明されている部分を探し出します。
(6)直後に理由が説明されています。

102ページ

2 (1)先週の　日曜日
(2)魚つり・バーベキュー
(3)㋐ア　㋑ウ　㋒エ
(4)①ますと　いう　魚が　たくさん　つれた。
②いくら　やっても、えさだけ　食べられるばかりだった。
(5)しおやき・バターやき
(6)(れい)ますを　きれいに　食べた　ところ。
(7)ア
考え方　(3)出来事を順を追って書いています。
(6)おじいちゃんの言葉の前に「すると」とあるので、「わたし」がどのような行動をしたのかが書かれています。

19　文を書《か》く……

104ページ

1 ①あく　②鳴る　③こわれる　④きえる
考え方　他動詞を自動詞に変えます。①「ドアを｜あける」(他動詞)、「ドアが｜あく」(自動詞)の違いに注意しましょう。

2 ①そうだ　②ください　③ません
④か　⑤な

105ページ

3 ①おいかけられる　②わたされる
③しかられる　④たすけられる
⑤わらわれる
考え方　受け身(他から動作を受ける)の文に書きかえます。

4 ①さむかった　②はこばせる
③なることです(なることだ)
考え方　①は過去のことを述べる文末表現に直します。
②は使役(他に動作をさせる)の表現に直します。使役の表現にするには、「〜せる・〜させる」をつけます。
③「ゆめは」とあるので、文末は「名詞＋だ(です)」で終わるようにします。

5 ①右に　○　②左に　○
考え方　「すっかり」「ようやく」などの副詞は、下にくる言葉を修飾して、意味をくわしくするはたらきをします。

106ページ

1 ①つづける　②かえる　③ふやす
④わかす

2 ①(今、)友だちと　サッカーを　しています（いる）。

②（今、）妹が、絵を かいて います（いる）。

③（今、）算数の しゅくだいを して います（いる）。

④（今、）お母さんが、学校に 来て います（いる）。

⑤（今、）花だんに かわいい ねこが います（いる）。

考え方　現在形は、文末が「〜して います（いる）」となります。

3　①天気だろう（でしょう）

②ほめられた（ほめられました）

③そうじさせた（そうじさせました）

④言いません（言わない）

⑤もらった（もらいました）

⑥ないだろう（ないでしょう）

考え方　①は推量（きっと〜だろう）、②は受け身（れる・られる）、③は使役（せる・させる）、④は否定（決して〜ない）、⑥は否定の推量（まさか〜ないだろう）の表現に直します。

107ページ

4　①わたしは、公園で、めずらしい 花が さいて いるのを 見ました（見つけました）。

②みんなの ねがいは、しあわせに くらしたいと いう ことです（くらす ことです）。

考え方　①「わたしは」の述語を補います。②文末を「〜ことです」のように、「名詞＋です」の表現にします。

5　（れい）①きせつは やがて、春《はる》から 夏《なつ》に かわる。

②大きな 犬に、いきなり ほえられた。

考え方　②「いきなり」は、急に、突然の意味です。そのような状況に合う文を考えます。

20　みじかい 文章《ぶんしょう》を 書《か》く…………

108ページ

1　（れい）①あしたは、楽《たの》しい 遠足だ。

②春には さくらの 花が さく。

③母の日に、お母《かあ》さんに カーネーションを おくる。

2　（れい）①はんせいして いません

②カレーライスに しますか

③あしたは テストが あるからです

④パンも 食べました

考え方　①逆の内容を考えます。②「それとも」は、選択を表す言葉です。③「なぜなら」のあとには、「から」という言葉がきます。

109ページ

3　(1)しかし（けれども・だが・ところが・でも など）

(2)ウ

(3)むかった

(4)（れい）教室に ついて、「ゆうべ、てるてるぼうずを 作《つく》った。」と ぼくが 言《い》ったら、すずきくんが、「ぼくも 作った。」と 言った。みんなも、うんどう会を 楽しみに して いたんだなと 思《おも》った。

考え方　(1)逆接の接続語（つなぎ言葉）が入ります。(2)伝え聞いたことを表す言葉を選びます。(3)文末を、敬体（〜です・〜ます）から常体（〜だ・〜である）に直します。

110ページ

1　（れい）①町の 図書かんで 本を かりる。

②お母さんが、いちごの ケーキを 作って くれた。

③朝ねぼうを して、学校に ちこくしそうに なった。

2　（れい）①（だから、）ドッジボールを やめて、いそいで 家《いえ》に 帰った

（しかし、）ドッジボールを つづけた

②（だから、）いつも ピーマンを のこして しまいます

（しかし、）食《た》べられるように がんばりたいと 思《おも》います

考え方　「だから」は、順接の接続語です。あ

とに、順当な結果や結論が続くような内容を考えます。「しかし」は、逆接の接続語です。前のことがらと逆になるような内容を続けます。

111ページ

3 (れい)①まるで ぬいぐるみのような子犬だ。
②たぶん あしたは 晴《は》れるだろう。
③ぜひ、うちに あそびに 来《き》て ください。
④もしも タイムマシンが あったならば、大むかしに 行《い》って みたい。

4 (れい)お父さんは、その やもりを 手で つかまえると、にわへ そっと にがして やりました。

> **指導の手引き** 文が書けたら、主語や述語がそろっているか、筋道が通っているかをチェックしてください。おかしなところは、どこがおかしいのかを説明するようにしてください。

チャレンジテスト ⑩

112ページ

1 ①たずねられる ②おこられる

2 ①のませる ②すてさせる

3 ①きちんと ②つい ③そっと ④ふと
⑤ますます

113ページ

4 ①とどく ②ならべる ③のこす
④おれる ⑤さます

考え方 ①・④は自動詞に、②・③・⑤は他動詞に直します。

5 (れい)①妹は、ケーキが すきだ。
②学校で、算数の 時間《じかん》に かけ算を ならう。
③兄が、ぼくの 顔を じろっと 見た。
④池で、魚が すいすい およぐ。

114ページ

6 (1)ア
(2)もらいました
(3)イ
(4)小鳥が すばこに きて くれたら いいなと 思います。

115ページ

7 (れい)①おなかが いっぱいに なりました
②かぜを ひいて、ねつが 出たからです
③空に 七色《いろ》の にじが かかりました

考え方 ②「なぜなら」のあとには、「〜からです」という言葉がきます。

8 (れい)人間《にんげん》の 子どもに ばけて、子どもたちの 中に まじり、おみこしを かついで いました。すると、うしろに いた 子どもが、「あれえっ。」と 大きな 声を あげました。「おまえ、しっぽが はえてるぞ。」と 言《い》われて、びっくりした たぬきの 子は、あわてて 山へ にげて 帰《かえ》りました。

しあげテスト ①

116ページ

1 ①せいほうけい ②ふうせん ③しんせつ ④かいが ⑤きょうかい ⑥しんせつ ⑦こうちょう ⑧ずがこうさく ⑨うおいちば ⑩ひとざと

2 ①茶 ②鳥 ③刀 ④道 ⑤電車 ⑥晴天 ⑦日記 ⑧作文 ⑨今週

117ページ

3 ①す ②き ③れ ④かく ⑤ば ⑥まる ⑦しむ

4 ①左に ○ ②左に ○ ③左に ○ ④左に ○ ⑤右に ○ ⑥右に ○

5 ①行きます ②ランドセルです ③雨でした ④帰りましょう

考え方 ⑤「鼻」＋「血」で、「はなぢ」です。

6 ①左に ○ ②左に ○

考え方 相手が「先生」「おばさん」なので、敬う言い方にします。

118ページ

7 ①花ばたけ ②青りんご ③話し声 ④細長い ⑤おりたたむ

8 ①エ　②ウ　③イ　④オ　⑤カ　⑥ア

9 ①夕日　②大人《おとな》　③下校　④遠《とお》い　⑤くらい　⑥少《すく》ない　⑦まける　⑧広《ひろ》い

119ページ

10 ①友人《ゆうじん》（なかま）　②ことば　③方角《ほうがく》　④やり方《かた》（しかた・手だん）　⑤夕方（日ぐれ）

11 ①目　②手　③耳　④足

考え方　それぞれの慣用句の意味は、次のようになります。
①目がない…夢中になるほど、非常に好きである。
②手を焼く…どうすることもできず、もてあます。
③耳を傾ける…相手の言葉を聞きもらさないように、注意して聞く。
④足が棒になる…歩き過ぎや立ち過ぎで、足が非常に疲れる。

12 ①さる　②かべ　③わら　④馬

しあげテスト②

120ページ

1 (1)あイ　いエ　うア
(2)かいだん・小さな　足・上の　ほう・おりて　きた
(3)ウ
(4)㋐ウ　㋑イ

考え方　(2)直前の二文「すると、〜かけられて　いた。」「それは、〜ように　みえた。」に注目します。
(3)せっかく作ったかいだんにのられたことと、のっているのが見しらぬ女の子であることに注目します。
(4)㋐「そう　いって　やりたかったが、〜うなずいて　しまった」から考えます。
㋑自分のかいだんのすなを、女の子にわたしているところから考えます。

122ページ

2 (1)エ
(2)㋐ウ　㋑エ　㋒ア
(3)（すなの）おしろへ　はいったら、そのまま　きえて　しまうような　気が　したから。
(4)もっと　あそぼう（あそびたい）と　いうこと。

考え方　(2)㋑直後の太郎の心の言葉から考えます。
㋒太郎があとじさりをしているのを見て、女の子が何と言ったのかを考えます。
(4)直前に、言いたいことの内容が書かれています。

しあげテスト③

124ページ

1 (1)せっかく　おぼえた　ことを、ねて　おきたら、わすれて　いた　こと。
(2)つらかった　ことや、かなしかった　ことを、いつまでも　はっきり　おぼえていたら、たいへんだから。
(3)（四時間　たつと）おぼえた　ことの　半分くらい
（一日くらい　たつと）十こ　おぼえた　うちの、七こくらい
(4)ふくしゅう・せい理・思いだしやすく
(5)イ・ウ・オ

考え方　(2)直後に、理由が説明されています。
(5)同じ段落の初め、「たとえば」のあとに三つの工夫が書かれています。

126ページ

2 (1)歌・テントのはり方
(2)水かげん・ごはん
(3)①自分自身のかげぼうし
②大入道
(4)イ

考え方　(2)「水かげん、だれかに　教えて　もらいましょう」「おこげの　ごはん」という言葉から考えます。
(3)②ユミの言葉の中に「おばけ」とありますが、「かん字三字で」とあるので、それと似た意味の、漢字三字の表現を探します。